Michael Green

Führen alle Wege zu Gott?

Ein Wegweiser durch den Religionsdschungel

Michael Green

Führen alle Wege zu Gott?

Ein Wegweiser durch den Religionsdschungel

Schulte & Gerth

Die amerikanische Originalausgabe erschien im Verlag
Inter-Varsitiy Press
unter dem Titel „But don't all Religions Lead to God?".

Aus dem Amerikanischen übersetzt von Dipl.-Übersetzerin
Marianne Magnus.

Die Bibelzitate wurden der folgenden Ausgabe entnommen:
Die Gute Nachricht Bibel, revidierte Fassung von 1997 der „Bibel in heutigem Deutsch"
© 2000 Deutsche Bibelgesellschaft, Stuttgart

In einigen Fällen wurde auf andere Bibelausgaben zurückgegriffen, z. B. die Luther-Übersetzung oder die Bibel übersetzt von Hans Bruns oder *Hoffnung für alle*. In diesem Fall wurden diese im Text entsprechend gekennzeichnet:

Lutherbibel, revidierte Fassung von 1984, Standardausgabe
© 1985 Deutsche Bibelgesellschaft, Stuttgart

Hoffnung für alle: © 1986, 2002 by International Bible Society,
Colorado Springs, USA. Übersetzt und herausgegeben durch
Brunnen Verlag Basel, Schweiz

Best.-Nr. 815 893
ISBN 3-89437-893-X
1. Auflage 2004
Umschlaggestaltung: Hanni Plato
Umschlagfoto: Getty Images
Satz: Typostudio Rücker, Linden
Druck und Verarbeitung: Ebner & Spiegel, Ulm
Printed in Germany

Für Tim,
der an der Schnittstelle
zu anderen Religionen
arbeitet!

Inhalt

Einleitung

Vor kurzem saß ich auf einer Krankenstation im Schlafanzug mit anderen Patienten zusammen und unterhielt mich mit ihnen. Ich hatte gerade einen Herzinfarkt hinter mir. Zufällig ergab es sich, dass wir auf den Glauben an Jesus Christus zu sprechen kamen. Das vorherrschende Meinungsbild unter meinen Mitpatienten dort war, dass alle Religionen im Grunde genommen dasselbe glauben und dass alle mehr oder weniger zu Gott führen.

Als ich dann wieder vom Krankenhaus zu Hause war, erhielt ich einen Anruf von einem langjährigen Freund, der Besuchsdienste in Gefängnissen macht. Er berichtete mir von vier *Kainos*-Wohngemeinschaften (griech. *das Neue/neue Leben*) für ehemalige Strafgefangene hier in Großbritannien, die nach christlichen Prinzipien geleitet werden und die bei weitem am erfolgreichsten verhindern, dass Straffällige wieder rückfällig werden. Diesen wurde nun die Schließung durch das britische Innenministerium angedroht. Warum? Weil das Christentum sich angeblich nicht von anderen Religionen unterscheide und ihm deshalb keine Sonderstellung zukommen dürfe, denn schließlich müssten ja alle Glaubensrichtungen gleich behandelt werden. Kann es denn etwas Absurderes geben, wo doch das Land förmlich nach einer Lösung schreit, wie es verhindern kann, dass entlassene Sträflinge wieder rückfällig werden? Ein Gefängnispfarrer formulierte es einmal folgendermaßen: „Wir werden auf dem Altar religiös-pluralistischer politischer Korrektheit geopfert."

Eine andere Freundin, die Lehrerin ist, brachte der Schulleitung gegenüber ihre Verwunderung darüber zum Ausdruck, dass einige der Morgenandachten an ihrer Schule an den Buddhismus abgetreten wurden. „Nun, alle

Religionen führen doch zu Gott. Warum sollten wir unseren Schülern dann nicht die Wahl lassen?“, war die lapidare Antwort des Direktors.

Mir erschien es so, als herrsche da eine ganz schöne Verwirrung.

Deshalb schrieb ich dieses Buch. Ich habe es bewusst knapp gehalten, damit Sie auch die Zeit finden, es zu lesen. Es geht um ein wichtiges Thema, zu dem es viele verquere Meinungen gibt.

Ich wünsche Ihnen jedenfalls viel Spaß beim Lesen!

Michael Green
Weihnachten 2001
(Oder hätte ich besser schreiben sollen die Wintersonnenwende oder das Fest der Saturnalien? Zweifellos sind sie ja alle gleich!?)

Es kommt nicht darauf an, was man glaubt, wenn man es nur ehrlich meint

Das ist ein Argument, das oft zu hören ist, wenn über Religion und Glaube diskutiert wird. Man hört diesen Satz natürlich nicht, wenn die Rede auf die Politik kommt oder auf die Frage, ob ein Land das andere bombardieren darf oder nicht. Und er ist auch nie zu hören, wenn über die schrecklichen Geschehnisse in Auschwitz oder Bergen-Belsen gesprochen wird. Hitler war in seinem Hass gegen das jüdische Volk zweifellos ehrlich, aber jeder würde doch zugeben, dass er falsch lag. (Wenn Sie das nicht zugeben, erlaube ich mir, Ihnen nicht zu glauben!) Das Massaker an sechs Millionen Juden im Zweiten Weltkrieg war mit Sicherheit ein bewusster, rücksichtsloser und grausamer Akt und das Ergebnis eines sehr eindeutigen und aufrichtig vertretenen Glaubens. Hitler war ehrlich, lag aber schrecklich verkehrt.

Ein Beispiel wie dieses, das zur Vernichtung von Millionen von Menschen führte, sollte uns in unseren Äußerungen, es komme nicht darauf an, was man glaube, solange man es nur ernst meine, sehr vorsichtig werden lassen. Das ist schlichtweg der größte Blödsinn. Jahrhundertelang glaubten die Menschen aufrichtig daran, dass der Donner von den Kriegsgöttern käme. Heute wissen wir, dass dieser ernsthafte Glauben nichts weiter war als abergläubischer Unsinn. Die Leute meinten es zwar ernst, befanden sich jedoch im Irrtum. Jahrhundertelang glaubten die Menschen, dass sich die Sonne um die Erde drehte. Als

Galileo Galilei (1564-1642) nach seinem Vorkämpfer Kopernikus (1473-1543) zeigte, dass dem nicht so war, wurde ihm vom Papst verboten, eine solche Ansicht „zu haben, zu lehren und zu vertreten" und er wurde vor die Inquisition zitiert. Ich bin mir ziemlich sicher, dass *er*, während er so im Gefängnis schmachtete, nicht der Behauptung zugestimmt hätte, dass es doch egal sei, was man glaubt, solange man es nur ehrlich meint!

Nun ist auf der anderen Seite natürlich Ehrlichkeit etwas immens Wichtiges. Wer mag schon einen Heuchler? Aber mit Aufrichtigkeit allein ist es nicht getan. Ich kann zwar allen Ernstes glauben, dass mich alle Flugzeuge auf dem Londoner Flughafen nach Amerika bringen, aber damit würde ich falsch liegen. Und ich kann auch voll Inbrunst glauben, dass nach einem Herzinfarkt ganz viel Schokolade und Sahne das beste Mittel zur Genesung sind, aber damit hätte ich nicht im Mindesten Recht.

Wenn die Ansicht, dass Ehrlichkeit alles ist, was man braucht, offensichtlich lächerlich ist, warum behaupten es viele dann so oft, wenn das Gespräch auf die Religion kommt? Dafür kann es mehrere Gründe geben.

Zum einen wollen die Leute vielleicht schlichtweg nicht in ein religiöses Streitgespräch verwickelt werden. Sie wissen, dass diese nichts bringen, und deshalb vermeiden sie peinliche und vielleicht auch erbitterte Diskussionen, indem sie behaupten, dass es unwichtig ist, was man glaubt, solange man aufrichtig ist.

Andere wiederum stellen eine solche Behauptung auf, weil sie nie ernsthaft begonnen haben, darüber nachzudenken. Sie würden nie in Bezug auf ein historisches Thema wie den Zweiten Weltkrieg sagen: Man kann zwar aufrichtig glauben, dass Hitler den Krieg gewann, aber damit liegt man daneben. Sie würden diese Behauptung auch nie auf die Mathematik anwenden: Niemand würde auch nur allen Ernstes, wenn er nur fest genug daran glaubte, denken wollen, dass zwei und zwei gleich fünf ist. Dem wäre einfach nicht so. Wie aufrichtig sie auch sein mögen, sie wären auf dem Holzweg. Nur im Bereich der Religion gibt es Leute, die so reden, vielleicht weil es so schwer ist, letzte Sicherheit und Gewissheit in Bezug auf den Glauben zu bekommen. Das Thema ist ebenso ungreifbar und glitschig wie Seife in Wasser. Da ist es doch viel besser, viel unverfänglicher, gleich ganz aus dem Thema auszusteigen und lässig seine Meinung kundzutun, dass es völlig unwichtig sei, was man glaube, solange man es nur ehrlich meine.

Ein anderer Grund könnte aber auch – zumindest in Großbritannien und den USA – darin liegen, dass wir praktische Menschen sind. Wir sind eben *nicht* berühmt für unser philosophisches Denken. Wenn etwas funktioniert, dann ist das okay so – egal, wer es erfunden hat oder was damit eigentlich bezweckt wurde. Unser Volk ist insgesamt mit Taten beschäftigt, nicht mit Theorien. Darum ist es auch nicht schwierig, diese Haltung etwas weiterzutreiben und zu behaupten: „Es kommt nicht darauf an, was man glaubt, wenn man es nur ehrlich meint."

Aber ich glaube, es gibt noch einen triftigeren Grund. Beim Thema Religion geht es um die grundlegenden Fragen von Leben und Tod. Und da ist etwas in uns, das sich damit nicht beschäftigen will. Diese Themen sind uns zu suspekt, zu unbequem. Lieber möchten wir im Hier und Jetzt leben und unsere Augen vor den komplexen Zusammenhängen von Leben und Tod, Himmel und Hölle verschließen. Da ist es doch wesentlich einfacher, uns auf unsere Ehrlichkeit und Aufrichtigkeit zu verlassen und uns darauf zu berufen, dass wir ein einigermaßen anständiges Leben führen – in der Hoffnung, dass uns das durchträgt.

Diese Haltung ist weit verbreitet. Erst kürzlich kam ich mit einem Mitpatienten im Krankenhaus über genau dieses Thema ins Gespräch. Er hörte mir mit einem gewissen Interesse zu, hörte sich die Geschichte von Jesus, sein Angebot und seinen Anspruch auf unser Leben gerne an. Dann aber lächelte er, zuckte mit den Schultern und gab mir zu verstehen, dass das Thema unbequem und nervig für ihn war. Ich fragte ihn, ob er einen kurzen Blick auf einen Tatsachenbericht werfen wolle, der aufzeigte, wer Jesus war und was er für die Menschheit getan hatte. Doch er winkte ab. Ich erzählte ihm von einem monatlich stattfindenden Männerfrühstück in seiner Heimatstadt (bei dem ich vor kurzem gesprochen hatte) und bot ihm an, ihm eine Einladung zukommen zu lassen. Aber nein danke: „Es kommt nicht darauf an, was man glaubt, wenn man es nur ehrlich meint."

Wohin führt uns das? Nun, die Lehren von Buddha und die Lehren von Jesus beispielsweise zeigen in zwei grundverschiedene Richtungen. Sie können vielleicht die von Buddha aufrichtig befolgen, aber was, wenn diese Religionszugehörigkeit sich am Ende als falsch herausstellt? Sie können aufrichtig der Meinung sein, dass Jesus Christus heute nicht mehr zeitgemäß ist – und überhaupt ist er ja nur ein guter Mensch gewesen –, aber was, wenn Sie aufrichtig und doch auf dem Holzweg sind? Was, wenn Gott Ihnen am Ende des Weges entgegentritt und wissen will: „Warum hast du dich nicht um meinen Sohn Jesus geschert, der sich selbst gegeben hat, um dein Verhältnis mit mir in Ordnung zu bringen?" Werden Sie dann stottern: „Oh, na ja, ich dachte, dass es egal wäre, was ich glaube, solange ich es nur ehrlich meine?" Fakt ist doch, dass der Glaube der Ursprung des Handelns ist und rechter Glaube der Ursprung von rechtem Handeln. Wir können uns nicht in die „Ehrlichkeit" flüchten! Zugegebenermaßen: Aufrichtigkeit ist absolut notwendig, aber allein betrachtet absolut unzureichend. Wir würden dieses Argument mit Sicherheit auch nicht auf andere Bereiche unseres Lebens übertragen! Und so ist es völlig idiotisch, es auf den religiösen Bereich anzuwenden. Darum wenden wir uns einmal dem nächsten Kapitel zu und der elementaren Frage: Im Grunde genommen glauben doch alle Religionen dasselbe – oder?

Glauben nicht alle Religionen dasselbe?

„Globalisierung“ ist heutzutage eines der gebräuchlichsten Trendwörter. Es trägt der Tatsache Rechnung, dass unsere Welt eng vernetzt ist. Was in einem Teil der Welt, wie etwa in Bosnien oder Afghanistan (oder dem Irak), passiert, betrifft auch den Rest der Welt. Die Popmusik, die man in Amerika spielt, wird genauso enthusiastisch in China wie auch in Indien gehört. Unsere Welt ist ein „globales Dorf“, so heißt es. Und wenn es um die Religion geht, sind wir ebenso wenig überrascht, dass sich Juden und Sikhs, Moslems, Buddhisten und Hindus auf unseren Straßen tummeln und in unseren Läden arbeiten. Ihre Nationalität ist mittlerweile die gleiche wie die unsrige, die wir im Land geboren sind; und ihre Rechte und Pflichten sind die gleichen wie die unsrigen. Es ist daher ganz normal zu denken, dass die verschiedenen Religionen, die sie vertreten, so ziemlich gleich sind. Handelt es sich bei ihnen nicht einfach nur um verschiedene Wege, den gleichen Gott zu verstehen?

Das ist eine ganz interessante Fragestellung. Viel zu viele Streitigkeiten, Verfolgungen und Kriege nämlich entstanden aus religiösen Meinungsverschiedenheiten bzw. Differenzen. Darum nehmen wir einmal an, es gäbe einen Gott, den die verschiedenen Religionen alle auf ihre jeweils eigene Weise suchen. Nehmen wir einmal an, Moslems und Christen, Hindus und Buddhisten wären sich einig, dass sie denselben Gott anbeteten, wenn auch auf unterschiedliche Art und Weise. Und belassen wir es dabei! Schließlich muss das doch die Einstellung sein, die der gesunde Menschenverstand rät, und auch die, die eine tolerante Haltung gebietet. Und überhaupt ist Toleranz doch eine recht populäre tugendhafte Sicht der Welt, gerade in unserer heutigen Zeit, in der die traditionellen Moralvorstellungen weitgehend außer Acht gelassen werden. Darüber hinaus haben die meisten der großen Religionsgemeinschaften eine Menge ethischer Überzeugungen gemein: Sie sind zum größten Teil friedliebend und freundlich, und keine unter ihnen tritt für Diebstahl, Vergewaltigung oder Mord ein. Also warum dann nicht einfach die Ansichten der verschiedenen Religionen nehmen und sich daraus ein komplexes Bild von Gott zurechtzimmern? Würde das nicht den Weltfrieden und das Verständnis unter den Völkern fördern!?

Das ist nicht nur das allgemein vorherrschende Meinungsbild, es wird auch noch von sehr bedeutenden Denkern unterstützt. Zum Beispiel sagte der als Heilige verehrte indische Menschenrechtler Mahatma Gandhi (1869-1948) einmal: „Die Seele der Religion ist eins, aber sie ist eingebettet in eine Vielzahl von Formen." Der hinduistische Mystiker Ramakrishna sprach immer von sich selbst als derselben Seele, die schon einmal als Rama, Krishna, Buddha und Jesus geboren worden war.

Eine solche Denkweise ist schon recht alt: Der römische Kaiser Septimius Severus (um 146-211 n. Chr.) sicherte sich damit ab, dass er in seiner Privatkapelle nicht nur die Statuen vergötterter Kaiser stehen hatte, sondern auch die des Wundertäters Apollonios von Tyana († um 97 n. Chr.), die von Abraham, Orpheus und Jesus Christus.

Und wie könnte es auch anders sein, diese Anschauung ist heutzutage sehr modern. So sang vor nicht allzu langer Zeit die Popgruppe Quintessence den folgenden Song:

Jesus, Buddha, Moses, Gauranga,[1]
Zieht mich tief in das Meer eurer Liebe!
Jesus, Buddha, Moses, Gauranga,[1]
Oh maya, oh maya, oh maya.

Diese Art des Synkretismus ist sehr populär, aber er reicht nicht aus. Warum nicht?

Erstens, fragen Sie einmal diejenigen, die die jeweiligen Glaubensrichtungen wirklich praktizieren, ob alle Religionen gleich seien, und Sie werden ein entschiedenes Nein ernten! Diese wissen nämlich sehr genau, dass Christen sich von Moslems und Hindus unterscheiden; und oft sind sie von der Richtigkeit ihrer eigenen Religion so überzeugt, dass sie die Anhänger anderer Religionen niedermetzeln und deren Moscheen oder Kirchen niederbrennen. Zum Beispiel steht im Koran (arab. *kur-ân*) geschrieben: „... erschlaget die Götzendiener, wo ihr sie findet, und packet sie und belagert sie ..." (Koran, Sure 9,5).[2] In Nigeria und im Sudan passiert im Moment genau das in großem Stil. Es sind die Akademiker, die Studiosi, in ihren Elfenbeintürmen, die schöne Theorien verfassen und behaupten, dass alle Religionen gleichwertig seien: Die Gläubigen an der Basis jedoch denken da ganz anders.

Überdies reicht schon eine recht oberflächliche Betrachtung der Weltreligionen aus, um zu zeigen, dass sie keineswegs alle als gleich bewertet werden können. Denn schließlich vertreten sie diametral entgegengesetzte Ansichten davon, wie Gott wirklich ist. Das Göttliche ist im Hinduismus unpersönlich, wenn man sich ihm auch durch unzählige Gottheiten und Statuen nähern kann. Der moslemische Allah ist persönlich und kennt keine untergeordneten Gottheiten. Vielmehr gilt bei ihm ein absolutes Verbot von Götzen bzw. jeglicher Art, Gott in irgendeiner Weise darzustellen. Der Buddhismus ist eine Religion ohne Gott und sogar ohne eine letztliche Existenz. Und das

Christentum lehrt, dass Gott dem Menschen vergibt und ihm auch seine übernatürliche Hilfe anbietet. Wo hingegen es im Buddhismus wie auch im Hinduismus so etwas wie Vergebung erst gar nicht gibt, nur das schonungslose *Karma*[3], und auch eine übernatürliche Hilfe ist nicht existent.

Und wie sieht den verschiedenen Religionen zufolge das Ziel unseres Lebens aus? Wohin steuern wir, wenn unser Leben hier auf der Erde zu Ende ist? Das Ziel jeglicher Existenz im Buddhismus ist das *Nirwana*, die völlige Ruhe, das Erlöschen aller Lebenstriebe bzw. „die völlige Loslösung von jeglicher Begierde und dem personalen Selbst", das von Buddha nach nicht weniger als 547 Wiedergeburten (!) erreicht wurde. Die Moslems sehen einem sinnlichen Paradies mit Wein, Weib[4] und Gesang entgegen. Das Ziel aller Existenz im Christentum liegt darin, Gott (persönlich) zu kennen und sich für immer an ihm und der Gemeinschaft seines erlösten Volkes zu erfreuen. Was die einzelnen Religionen lehren, unterscheidet sich also beträchtlich voneinander!

Selbst diejenigen Weltanschauungen, die an einen persönlichen Gott glauben, sind sich nicht darin einig, ob und wie er sich uns zeigt. Der Islam negiert, dass Allah sich jemals der Menschheit in Person offenbart. Es gilt demzufolge nur seinen Willen zu erkennen und die angemessene Reaktion darauf ist der *islam*, was nicht etwa „Friede" heißt, wie so oft behauptet wird, sondern vielmehr „Ergebung" (in dessen Willen). Das Christentum dagegen behauptet, dass Gott nicht nur seinen Willen offenbart, sondern auch seine Person: Er kam nämlich zu uns, um uns zu zeigen, wie er ist, und zwar auf die einzige Art, die wir je ganz verstehen könnten, nämlich in Gestalt menschlichen Lebens. Und das ist auch der eigentliche Grund, warum wir Weihnachten feiern.

Der größte Unterschied überhaupt liegt vermutlich in

dem christlichen Postulat, dass keiner von uns sich selbst erlösen und sich selbst vor Gott als gerecht und akzeptabel darstellen kann, wie sehr wir uns auch anstrengen mögen. Wohingegen fast alle anderen Glaubensorientierungen behaupten, dass jemand durch das Befolgen ihrer Lehren gerettet, erfüllt oder wieder geboren wird. Meines Erachtens wird dieser Kontrast nirgends so deutlich akzentuiert wie in der buddhistischen Geschichte, die ähnlich beginnt wie das Gleichnis vom Verlorenen Sohn. In dieser Beispielgeschichte kommt der verschwenderische Sohn nach Hause zurück, wo er seinen Vater antrifft, und hat dann jahrelang als Knecht bei seinem Vater die Strafe für seine vergangenen Missetaten abzuarbeiten. Wie ganz anders dagegen die grenzenlose Liebe des Vaters in der Parabel des Evangeliums! Dieser hätte nicht im Traum daran gedacht, seinen Sohn zu einem seiner Diener zu machen. Stattdessen richtet er ein großes Fest aus, um ihn daheim willkommen zu heißen. Das Prinzip des *Karma*[3] (Ursache und Wirkung, Abbezahlen seiner Schuld) ist himmelweit entfernt von dem der *Gnade* (freie Vergebung, wenn man es kein bisschen verdient hat). Vielmehr steht das grundlegende Weltverständnis des jüdisch-christlichen Glaubens, dass ein liebender persönlicher Gott sich danach sehnt, eine Beziehung zu seinen Geschöpfen einzugehen, in unüberbrückbarem Gegensatz zu der Sichtweise östlicher Religionen, die davon ausgehen, dass es überhaupt keinen personalen Gott gibt und dass wir bestenfalls auf ein Erlöschen und Absorbiertwerden in dem Meer eines undifferenzierten Seins hoffen können.

Das sind nur ein paar wenige aus der Vielzahl von Unterschieden, die die Weltanschauungen der großen Religionen voneinander trennen. Viele, die meinen: „Alle Religionen sind so ziemlich gleich“, haben mit Sicherheit nie ernsthaft darüber nachgedacht und wissen so gut wie nichts über die oben skizzierten Unterschiede. Aber wie kann ein halbwegs intelligenter Mensch immer noch eine solche Behauptung aufstellen? Die Antwort eines solchen Menschen darauf ist sehr subtil. Er erkennt zwar an, dass es all diese unversöhnlichen Unterschiede zwischen den verschiedenen religiösen Richtungen gibt, hält aber weiterhin daran fest, dass es einen „Gott *hinter* Gott“ gibt, in dem alle Unterschiede aufgehoben sind. Und genau in diesem Sinne meint er auch, dass alle Religionen gleich seien.

Diese Ansicht kommt nirgendwo besser zum Ausdruck als in der alten Hindu-Geschichte von dem König und dem Elefanten. In dieser wurden einige blinde Männer gebeten zu beschreiben, was sie fühlten, wenn sie verschiedene Teile eines Elefanten zu berühren hätten. Einer fasste seinen Rüssel an und meinte: „eine Palme.“ Ein anderer befühlte seinen Schwanz und meinte: „ein Seil“ und so weiter. Alle hatten sie verschiedene Erklärungen parat. Was sie jedoch nicht realisierten, war, dass es der gleiche Elefant war, mit dem sie es alle zu tun hatten. Sie waren blind. Allein der weise König konnte in Wahrheit erkennen, dass sie alle den gleichen Elefanten berührten.

Nun wird diese Geschichte nur sehr gerne in der liberalen Literatur zitiert, um zu belegen, dass alle Religionen gleich seien. Aber nur allzu oft sind sich die Autoren der Arroganz ihrer Behauptung überhaupt nicht bewusst. Denn was sie eigentlich damit sagen wollen ist doch, dass sie wie der weise König sind, der sehen kann, dass alle Religionen gleich sind, während die eigentlichen Jünger für diese Tatsache blind sind. Wir haben deshalb Anlass zur Frage: „Wer gab diesen Leuten eine solch bevorrechtigte Einsicht? Mit welcher Begründung lässt sich annehmen, dass sie im Recht sind? Was in aller Welt lässt uns darauf schließen, dass sie (wo doch einige von ihnen Atheisten sind!) es besser wissen als die eigentlich Praktizierenden der jeweiligen Glaubensrichtung?“

Und man könnte sogar noch eine schärfere Kritik an der Behauptung laut werden lassen, dass „alle Religionen im Wesentlichen gleich seien, zumindest in ihren wichtigsten Punkten, auch wenn deren nebensächliche Punkte so weit auseinander gehen." Denn wenn dem tatsächlich so wäre, wie könnten wir dann wissen, wie wir das Wesentliche einer Religion von dem vermeintlich Unwesentlichen unterscheiden können? Welche Kriterien könnten wir dafür anlegen? Vermutlich würden wir unsere Einschätzung damit begründen, dass einige Elemente einer Weltanschauung besser sind als andere. Aber von welcher Warte aus sollen und wollen wir denn entscheiden, welche besser sind? Und würde nicht die ganze Frage nach der Wahrheit damit umgangen bzw. unter den Teppich gekehrt werden, dass man alles in einen Topf wirft, es aufkocht und die Essenz abgießt? Was, wenn in einer Religion tatsächlich das Wesentliche besser zum Ausdruck kommt als in einer anderen? Und was, wenn das Absolute wirklich in unsere Mitte gekommen ist und der allmächtige Gott sein Volk tatsächlich aufgesucht hat? Wenn das in Wirklichkeit so wäre, was würden wir dann mit den vielen Beispielen des Relativen, den anderen Glaubensrichtungen, tun? Eines ist sicher: Wir könnten mit Sicherheit nicht behaupten, dass sie alle gleich sind.

Das Christentum unterscheidet sich grundlegend von allen anderen Weltanschauungen. Es geht davon aus, dass der lebendige Gott gekommen ist, um unsere menschliche Situation zu durchleben, dass er einen qualvollen Tod gestorben ist, bei dem er die Verantwortung für unsere menschliche Bosheit und Verwerflichkeit auf sich genommen und die letzte Barriere, den Tod, am ersten Ostertag durchbrochen hat – und dass dies unabsehbare Konsequenzen für seine Jünger und die ganze Welt zur Folge hatte. Keine andere religiöse Anschauung behauptet so etwas. Das Christentum mag vielleicht falsch liegen, aber kein vernünftiger Mensch kann einfach behaupten, dass es das Gleiche aussagt wie die anderen Religionen! Nein, ob uns das schmeckt oder nicht, wir müssen uns der Tatsache stellen, dass die Religionen eben nicht alle gleich sind.

Es führen doch alle Religionen zu Gott?

Tun sie das wirklich? Wer sagt das? Denken Sie einmal einen Moment lang darüber nach!

Ich nehme an, dass Sie mit „Religion“ eine Art von mehr oder weniger loser Verbindung oder enger Beziehung zu dem Göttlichen meinen. Stimmt das? Nun, vielen Religionen geht es gar nicht darum! Wie wir noch sehen werden, gibt es nicht nur verschiedene Weltanschauungen, sondern auch ganz verschiedene Arten von Religionen mit recht unterschiedlicher Zielsetzung. Hier seien einige davon genannt.

Erstens gibt es *okkulte* Religionen wie den Animismus, Hexerei, Magie oder einige New Age-Strömungen. Diese beschäftigen sich in erster Linie mit Geistern, oft sogar mit bösen Geistern, die beschwichtigt oder manipuliert werden sollen. Diese können in Bäumen, heiligen Stätten oder Menschen wohnen. Sie können zu den Ahnen gehören oder zur Natur. Diese Geister sind so verschieden wie die afrikanischen Medizinmänner, die mongolischen Schamanen und die hiesigen Hexenmeister, die sie unter Kontrolle zu bringen versuchen. Bei okkulten Religionen geht es um Geister, nicht um Gott, geschweige denn um eine innige Beziehung zu ihm.

Zweitens gibt es so genannte *imperatorische* Religionen. Auch bei ihnen geht es nicht um Gott. Ihnen geht es primär um die höchste politische Autorität, die totale Treue und Unterwürfigkeit verlangt, angefangen bei den als Gott verehrten Königen von Ägypten und Mesopotamien bis hin zu den Kaisern des Römischen Reiches, den Schinto-

Kaisern von Japan und nicht zuletzt den vergötterten Machthabern in unserer Zeit wie Hitler, Mao und Stalin. Interessant ist der Ton, der von den „Göttlichen" unserer Tage wie Hitler und Stalin angeschlagen wurde. Stalin stellte sich immer selbst auf gigantischen Postern dar – kontrastiert mit tief liegenden Wolken über den Massenversammlungen. Dagegen setzte Hitler in Bezug auf sich selbst eine messianische Sprache ein und sagte ein Tausendjähriges Reich voraus.

Drittens gibt es *asketische* Religionen wie den Jainismus[5], Buddhismus, einige Strömungen innerhalb des Hinduismus und alle so genannten „Do-it-yourself"-Versionen des Christentums. Ihnen geht es auch nicht um Gott, sondern um Selbstverleugnung und Kasteiung. Das Selbst wird aufgegeben und „in Sack und Asche gehüllt", um sich von dessen Umklammerung zu lösen und die eigene Person von den Bindungen dieser Welt zu befreien. Dies soll dann, wie in manchen Religionen, z. B. dem Buddhismus, angenommen wird, nach vielen Leben zur letzten Loslösung vom Selbst führen, das in den unpersönlichen Einen oder in die Monade zurückgeführt wird. Das hat in keiner Weise etwas mit einer engen Beziehung zu Gott zu tun. Ganz im Gegenteil: In den meisten Richtungen dieser asketischen Religionen gibt es überhaupt keinen Gott, zu dem man in eine enge Beziehung treten könnte.

Viertens gibt es das, was man eigentlich nur mit *genitalen* Religionen oder Fruchtbarkeitsriten bezeichnen kann. Diese beten den Sex an. Jene Art der Religion ist schon sehr alt – und wiederum auch recht modern. Sie reicht von dem Fruchtbarkeitszauber – also kultischen Bräuchen zur Erhaltung der Fruchtbarkeit – der Kanaaniter über die lasziven Statuen in manchen Hindutempeln, über Orte wie Amsterdam oder Londons Stadtteil Soho bis hin zu den heutigen einschlägigen Filmen und Jugend gefährdenden Videos und den astronomisch hohen Verkaufszahlen im pornografischen Bereich. Auch sie haben nichts mit Gott zu tun, geschweige denn mit einer persönlichen Verbindung zu ihm.

Fünftens gibt es die *bourgeoisen* Religionen, die die religiösen Instinkte der feinen Leute befriedigen und die deren Anhänger nichts kosten außer eine massive finanzielle Unterstützung. Unter ihnen gibt es Gruppierungen wie Christian Sience (die Christliche Wissenschaft), den Spiritualismus, Scientology, die Theosophie und viele der unzähligen Selbstverwirklichungs-Bewegungen. Sie drehen sich alle nur um den Menschen, nicht um Gott und schon gar nicht um eine innige Beziehung zu ihm.

Sechstens gibt es die *prophetischen* Religionen, die sich an der dynamischen Leiterschaft und moralischen Herausforderung eines großen Führers orientieren und die Tendenz haben, innerhalb eines Jahrhunderts seit ihres Bestehens über die ganze Welt hinwegzufegen. Der Islam ist hierfür ein ausgezeichnetes Beispiel. Innerhalb weniger Jahrzehnte nach dem Tode Mohammeds fand er einen enormen Zuspruch im Mittleren Osten und in Nordafrika. Der Marxismus ist ein weiteres Beispiel. Er hatte innerhalb weniger Dekaden nach dem Tode von Karl Marx (1818-1883) einen immensen Einfluss auf ein Drittel der Weltbevölkerung. Auch wenn der Marxismus entschieden atheistisch war, so zeichnete er sich doch aus durch ein leidenschaftlich verfochtenes Credo, hohe Ideale, Selbstaufopferung und klare Ansichten über die Zukunft, wie sie auch vielen Religionen eigen sind. Seine Anhänger würden gerne dafür sterben, wie sie es auch für den Islam tun würden. Aber selbst der Islam bietet trotz seiner hohen Meinung von Gott dem Gläubigen keine Nähe zu ihm: „Allah offenbart seine Botschaft. Er offenbart niemals sich selbst." Seine Jünger beten zu ihm. Von ihnen kann jedoch nicht behauptet werden, dass sie Allah kennen oder eine persönliche Beziehung zu dem Erhabenen haben. Eine solche Behauptung wäre blasphemisch. Ja, für eine solche gotteslästerliche Äußerung könnte man sogar getötet werden.

Schließlich gibt es noch die *Offenbarungs*-Religionen. Im Laufe der Weltgeschichte gab es nur zwei (eng miteinander verbundene) Religionen, die lehren, dass Gott vom Glaubenden persönlich erfahrbar ist. Lediglich der Judaismus und sein *Kind*, das Christentum, behaupten, dass Gott der Menschheit eine zuverlässige und persönliche Offenbarung seiner selbst ermöglicht hat. Der Judaismus spricht davon, dass Gott sich selbst durch seine mächtigen Taten bei der Herausführung bzw. Befreiung Israels und durch die Worte der Propheten geoffenbart hat. Das jüdische Volk glaubte, dass Gottes einzige Wohnstatt auf Erden der Raum zwischen den Flügeln der Cherubim (Engelfiguren) über dem *Gnadenthron*[6] auf der Bundeslade war. Diese befand sich zunächst in der transportablen Stiftshütte und später im Tempel von Jerusalem. Sicher stellt sich der Judaismus heute ganz anders dar, wo es keine Bundeslade, kein Priestertum, keine Opfer, keine Stiftshütte und keinen Tempel mehr gibt. Der moderne jüdische Glauben reduziert sich auf das religiöse Gesetz, auf Moralität (sittliche Gesinnung) und die Anbetung in der Synagoge.

Die andere Glaubensrichtung, die diese Art der göttlichen Offenbarung, die im Judaismus so hervorgehoben wurde, auch verfolgte, ist das Christentum – oder vielmehr der Glaube an Jesus Christus. Jesus behauptete von sich, die Erfüllung aller Verheißungen Gottes an Israel und die letztgültige Offenbarung Gottes gegenüber der Menschheit zu sein. Er war Immanuel: „Gott mit uns."[7] *„In ihm allein"*, so betonte der Apostel Paulus, *„ist die ganze Fülle der Gottheit verkörpert"* (Kolosser 2,9 [Bruns]). Und so können die Christen mit Paulus sprechen: *„Ich weiß, wem ich Glauben geschenkt habe"*

(2. Timotheus 1,12) oder mit Johannes: *„Durch den Geist, den er uns gegeben hat, wissen wir, dass Gott in uns lebt"* (1. Johannes 3,24). Beim christlichen Glauben geht es letztlich um die Nähe, die enge Beziehung zu Gott. Das kann keine der anderen Weltanschauungen für sich beanspruchen.

Es ist wirklich grotesk anzunehmen, dass alle Religionen zu Gott führen, wo doch der Buddhismus noch nicht einmal glaubt, dass es überhaupt einen Gott gibt, wo doch der Islam Gott in eine extrem weite Ferne rückt und der Hinduismus ein Erlöschen nach vielen Inkarnationen anbietet und in der Zwischenzeit dem Götzendienst auf breiter Front zustimmt! Wie können da alle Religionen zu Gott führen, wenn sie solch unterschiedliche Glaubensansätze in Bezug auf Gott, das Leben nach dem Tod und den Weg dorthin haben?

Nehmen wir zum Beispiel nur einmal die beiden Ansichten bezüglich der Geschichte der Menschheit, wie sie das Christentum und der Hinduismus vertreten. Hier entdecken wir bereits in dem jeweiligen Symbol, dem Rad und dem Weg, schon einen beträchtlichen Unterschied. Das zentrale Symbol des Hinduismus ist das Rad als Zeichen für den Kreislauf von Geburt, Altern, Tod und Wiedergeburt. Es bewegt sich ständig, dreht sich jedoch immer um sich selbst. Das Rad bietet nur einen Ausweg aus dieser sinnlosen und endlosen Bewegung: Den Gang an einer der Speichen entlang – es kommt nicht darauf an welche – hin zur Nabe, wo alles im Ruhezustand ist und von wo aus man die endlose Bewegung beobachten kann, ohne selbst daran beteiligt zu sein. Der Hinduismus sieht darin eine Parabel. Es kommt nicht darauf an, welcher Religion man sich anschließt. Man muss ihr lediglich bis zu der zeitlosen, bewegungslosen Mitte folgen, wo alles Friede ist und wo man die endlose Bewegung verstehen kann, die die Menschheitsgeschichte ausmacht – wo man verstehen kann, dass sie nirgendwo hinführt und keine Bedeutung hat und alles nur eine Illusion ist.

Das andere große Symbol ist nicht ein Rad, sondern ein Weg. Dieser steht für das Verständnis der Menschheitsgeschichte, wie es das Christentum einnimmt. Dieser Weg hat einen Anfang in der Zeit, einen fixen Punkt in der Mitte (das Kommen, Sterben und Auferstehen von Jesus Christus) und ein Ziel. Dieses Ziel ist keine zeitlose Realität, die sich hinter den Abwechslungen und Veränderungen des täglichen Lebens verbirgt. Vielmehr steuert die Geschichte auf etwas zu. Sie hat einen bestimmten Zweck. Und dieses Ziel besteht für Gottes erlöstes Volk darin, sich für immer – im Himmel – an einer innigen und ununterbrochenen Gemeinschaft mit dem Herrn der Geschichte zu erfreuen.

Ich möchte es nochmals anders formulieren: Es gibt zwei entscheidende Gründe, warum eben nicht alle Religionen zu Gott führen. Der erste liegt am Wesen Gottes, an Gott selbst. Wenn es überhaupt einen Gott gibt, muss er der Ursprung sowohl der gesamten Menschheit als auch der uns umgebenden Welt sein. So fragt der Prophet:

Begreift ihr denn nicht? Könnt ihr nicht hören? Wird es euch nicht seit Urzeiten verkündet? Sagen es euch nicht die Fundamente der Erde? Gott thront hoch über dem Erdkreis, sodass die Menschen für ihn so klein wie Heuschrecken sind ... Für den HERRN sind die Völker wie ein Tropfen am Eimer oder ein Stäubchen auf der Waagschale; der ganze Erdkreis wiegt für ihn nicht mehr als ein Sandkorn (Jesaja 40, 21, 22, 15 [Gute Nachricht]).

Hier geht es um den majestätischen Gott. Und über den reden wir. Aber wie können wir es schaffen, zu ihm empor zu klettern? Das ist ein Ding der Unmöglichkeit. Das schaffen wir nicht. Unter allen Religionen, die möglicherweise zu Gott führen, gibt es *keine einzige*, die zu Gott führen kann. Er ist zu groß. Die Kreatur kann den Schöpfer nicht entdecken, es sei denn, er selbst ist bereit, sich dem Geschöpf zu erkennen zu geben. Das ist ein Grund, warum alle Religionen letztlich in die Enttäuschung führen müssen. Kennen Sie das kurze Gedicht, das mit dem Wort „wenn" anfängt?

Wenn
alle Religionen
zu Gott führen,
wie kommt es,
dass die meisten von ihnen
nach über tausend Jahren und mehr
noch nicht
angekommen sind?

Wenn wir mit „Religion" die Suche des Menschen nach dem Göttlichen meinen, ist diese zum Scheitern verurteilt. Wir müssen nicht die dünnen Lichtstrahlen vergleichen, die die verschiedenen Religionen meinen wahrgenommen zu haben; wir müssen den Sonnenaufgang erleben, der das Licht jeder Kerze in den Schatten stellt. Wir brauchen keine Religion, wir brauchen eine Offenbarung. Und genau das will das Christentum auch sein! Im Gegensatz zu anderen heiligen Büchern stellt die Bibel nicht die Geschichte der Menschen auf der Suche nach Gott dar, sondern die Suche Gottes nach den Menschen.

Es gibt aber noch einen zweiten Grund, warum keine Religion der Welt jemals zu Gott durchdringen wird. Das liegt nicht nur am Wesen Gottes, sondern auch an der Natur der Menschen. Die Bibel zeichnet ein wenig schmeichelhaftes Bild vom Menschen. Ganz im Gegenteil: Sie trifft in schonungsloser Offenheit genau auf den Punkt. Sie hält uns zum Beispiel vor Augen, dass wir keine Herzen aus Gold haben, wie wir so gerne glauben möchten, sondern dass das menschliche Herz überaus trügerisch ist und furchtbar böse: *„Nichts ist so abgründig wie das menschliche Herz. Voll Unheil ist es; wer kann es durchschauen?"* (Jeremia 17,9). Die Bibel spricht davon, dass an Mord und Ehebruch, Lüge und Unvernunft (Markus 7,20-23) nicht die Umstände schuld sind, sondern unser Herz (*„Aber das"*, fuhr er fort, *„was aus dem Menschen selbst herauskommt, das macht ihn unrein! Denn aus ihm selbst, aus seinem Herzen, kommen die bösen Gedanken und mit ihnen Unzucht, Diebstahl und Mord; Ehebruch, Habsucht und Niedertracht; Betrug, Ausschweifung und Neid; Verleumdung, Überheblichkeit und Unvernunft. All das kommt aus dem Inneren des Menschen und macht ihn unrein"* Markus 7,20-23). Die Bibel sagt uns, dass es keinen Unterschied zwischen den Menschen gibt, denn *„alle sind schuldig geworden und haben die Herrlichkeit verloren, in der Gott den Menschen ursprünglich geschaffen hatte"* (Römer 3,23). Keiner erreicht Gottes Standard! Sie spricht davon, dass die Menschen die Dunkelheit mehr lieben als das Licht, weil ihre Taten böse sind (*„Das Licht ist in die Welt gekommen, aber die Menschen liebten die Dunkelheit mehr als das Licht; denn ihre Taten waren schlecht"* Johannes 3,19). Etwas in unserem Wesen ist verkehrt, verzerrt (neben vielem, was auch gut ist). Deshalb wollen wir auch nicht, dass Gott sich in unser Leben einmischt. Wir wollen selbst unser Boot steuern. Und selbst wenn wir uns ernsthaft auf die Suche nach Gott machen, so haftet uns dennoch die Kette mit der Kugel unserer eigenen Bosheiten am Fußgelenk an. Wir schaffen es doch alle nicht, uns zu qualifizieren, ob wir nun aus dem so genannten christlichen Westen, kommunistischen Ostblock oder mystischen Osten kommen! Keiner schafft es bis zu Gott! Zum einen, weil er zu groß dafür ist, dass auch nur eines seiner Geschöpfe sein Inkognito lüften könnte. Zum anderen weil seine Geschöpfe zu verbogen, zu selbstbezogen sind, als dass sie sich ihm nähern wollten. Die Größe Gottes und die Sündhaftigkeit der Menschen sind die beiden schwerwiegendsten Gründe dafür, dass eben nicht alle Religionen zu Gott führen.

Viele, die so sehr betonen, dass alle Religionen zu Gott führen, gebrauchen gerne das Bild von einem Berg, zu dessen Gipfel eine Reihe von Pfaden führen. Es komme nicht darauf an, welchen Weg man nehme, schließlich führe jeder nach oben zur Spitze. Wir haben jedoch gesehen, dass diese Sichtweise unhaltbar ist. Ich möchte hierbei einen anderen Vergleich wählen. Was wenn die wahre Situation sich so gestaltet, dass die Menschen versuchen, ihren Weg durch ein Labyrinth zu finden? Es gibt viele Möglichkeiten und Wege, die uns in eine Sackgasse führen und uns eben nicht den Weg aus dem Irrgarten weisen. Aber es gibt nur einen Weg hindurch.

Das ist die erstaunliche und auf den ersten Blick arrogante christliche Behauptung. Doch wir werden im restlichen Teil des Buches noch untersuchen, ob diese auch standhält.

Was ist an Jesus denn so Besonderes?

Beachten Sie, dass ich nicht frage: „Was ist am Christentum so Besonderes?“ In vielerlei Hinsicht ist es nämlich gar nicht so besonders. Es ist genauso anfällig und schwächlich wie andere Religionen auch. Die Geschichte des Christentums enthält auch das traurige Kapitel von Krieg und Leid, Lüge und Habgier. Als Institution weist es die gleichen Merkmale wie die vieler säkularer Organisationen auf. Ansonsten ist es häufig langweilig, moralistisch und autoritär. In diesem Buch geht es nicht darum zu beweisen, dass das Christentum besser ist als andere Glaubensrichtungen. Christen sind – und waren in der Vergangenheit – so fehlbar wie jeder andere auch. Nein! Es ist *Jesus*, der so besonders ist! Ich mache keinen Hehl daraus, dass ich von Jesus ganz fasziniert bin. Aber das ist kein blinder und fataler Fanatismus. Es sprechen gute Gründe dafür, dass ich glaube, dass er der Weg von Gott zu uns und der Weg für uns zu Gott ist. In den folgenden Kapiteln werden einige dieser Gründe aufgezeigt. Ich erwarte vom Leser auch nicht, dass er mir folgt, mir beipflichtet – jetzt noch nicht! Denn ich habe bis jetzt noch keine Gründe für meine Anhängerschaft zu Jesus genannt. Darum werfen wir nochmals einen Blick auf die Kapitelüberschrift: Was ist an Jesus denn so Besonderes? Es gibt doch viele religiöse Führer mit Charisma, viele Genies. Warum sollte also jemand ausgerechnet Jesus den Vorzug geben? Und außerdem: Warum sollte jemand so von ihm eingenommen sein, dass er alle anderen links liegen lässt?

Schließlich gibt es doch viele Gemeinsamkeiten zwischen Jesus und seiner Lehre und der anderer großer Religionsstifter. Jesus, Buddha, Marx und Mohammed lebten alle in Armut und wurden von der Mehrzahl ihrer Zeitgenossen abgelehnt. Alle folgten einem großen Ideal. Alle erlebten Widerstand und einen unterschiedlichen Grad an Verfolgung. Alle waren mit Leidenschaft von der Botschaft überzeugt, die zu bringen sie gekommen waren. Alle standen der religiösen Situation ihrer Zeit äußerst kritisch gegenüber. Alle propagierten sie eine radikale moralische Wende. Alle hofften sie auf eine gemeinsame Zukunft der Menschheit, die besser sein sollte als die gegenwärtige. Das ist ja alles schön und gut. Was hebt Jesus dann aber aus der breiten Masse von religiösen Lehrern heraus – wenn überhaupt? Was macht ihn denn so besonders? Ich möchte hier zunächst drei einleitende Feststellungen treffen und dann in den Kapiteln, die noch folgen, einen eingehenderen Blick auf die vier Hauptgründe werfen, warum Jesus Christus als einzigartig und über alle anderen erhaben anzusehen ist.

Erstens: Der *Einfluss* von Jesus war etwas Besonderes. Niemand in der ganzen Menschheitsgeschichte hatte einen solchen Einfluss. Heute bekennt sich mehr als ein Drittel der Weltbevölkerung zum Glauben an ihn und keine andere Glaubensrichtung hatte je so viele Anhänger wie das Christentum. 1961 behaupteten die Beatles von sich, berühmter als Jesus Christus zu sein. Aber schon fünf Jahre später sang George Harrison: „My sweet Lord". Jesus hat durch seine Art die Welt in den zweitausend Jahren, seitdem er in der Hügellandschaft Galiläas lebte, beherrscht. Er ist schlicht und ergreifend die größte Persönlichkeit, die jemals gelebt hat. Napoleon (1769-1821) hatte alle Zeit der Welt über all das nachzudenken, als er auf der Insel St. Helena in der Verbannung saß. Er äußerte sich zur Person Jesu wie folgt:

Alexander, Cäsar, Karl der Große und ich haben große Reiche gegründet. Aber worauf beruhten diese Schöpfungen unseres Genies? Auf Gewalt. Jesus hingegen gründete sein Reich auf die Liebe. Und zu dieser Stunde würden Millionen Menschen für ihn sterben. Ich habe zwar auch große Menschenmengen zur enthusiastischen Anhängerschaft bewegt: Sie wären für mich gestorben. Aber hierzu musste ich präsent sein mit dem elektrisierenden Einfluss meiner Blicke, meiner Worte, meiner Stimme. Wenn ich die Menschen sah und zu ihnen sprach, entzündete ich in ihren Herzen die Flamme der Hingabe. Jesus Christus hingegen zieht durch einen gewissen mysteriösen Einfluss, auch wenn bereits achtzehnhundert Jahre vergangen sind, so sehr die Herzen der Menschen zu sich hin, dass Tausende auf ein Wort hin für ihn durch Feuer und Flut gehen und dabei ihr eigenes Leben nicht wert erachten würden.

Zugegebenermaßen hatte Mohammed einen tief greifenden Einfluss, aber sein Lebensstil ist kaum mit dem von Jesus vergleichbar. Mohammeds Religion war von den frühesten Tagen in Medina an militaristisch. Er beteiligte sich an Karawanenraubzügen und rottete nach der Schlacht von Khandaq im Jahre 627 n.Chr. den jüdischen Stamm der Banu Quraiza aus. Auch wenn gemäßigte islamische Länder vielleicht eher friedliebend sind, so war der Islam und bleibt es in vielen Teilen der Welt immer noch: die Religion der Gewalt. Das wird in Ländern wie Nigeria oder Indonesien recht offensichtlich. Der islamistische Anschlag auf die Zwillingstürme des World Trade Centers in New York ist ein aktuelles und anschauliches Beispiel dafür. Leider sind auch einige Vertreter des Christentums so gewaltbereit gewesen, aber nicht ihr Gründer. Jesus lehnte den Weg der Gewalt ab. Er verfolgte den Weg der Liebe. Das Kreuz ist der höchste Ausdruck für diese selbstaufopfernde Liebe, die sogar seinen Feinden gilt. Aber

Jesus war auch der Inspirator für Mut, Großzügigkeit, Fürsorge für andere, Reinheit und so viele andere Tugenden, wie man sich nur denken kann. Kein Wunder, dass er Herz und Verstand von Bauern und Königen, Intellektuellen und Ungebildeten überall auf der ganzen Welt und die ganzen Jahrhunderte hindurch gleichermaßen gefesselt hat! Und auch heute noch wächst seine Sache um ungefähr hunderttausend Menschen jeden Tag (jeden *Tag*, nicht jeden Sonntag!). Vielleicht bekommen wir hier im Westen davon nicht sehr viel mit, aber das trifft auf alle Fälle für Afrika, Asien und Lateinamerika zu. Es macht keinen Unterschied, ob Sie zu den Naga-Stammesleuten in der Gebirgslandschaft von Indien gehen, zu den kriegerischen Massai in Kenia, den Rainbow People[8] in Südafrika, der Bevölkerung von Fidschi oder Finnland, Singapur oder Sewastopol. Überall, in jeder Nation und Kultur, werden Sie auf Christen stoßen, und diese breiten sich weiterhin aus. Sie sind oft verfolgt und verschmäht, aber nicht entmutigt. Sie sind der Anziehungskraft von Jesus erlegen.

Das Gleiche sagen Sie vielleicht auch von Lenin und Mao. Sie hatten in bestimmten Teilen der Welt einen enormen Einfluss. Ihre Anhänger haben oft verbesserte Lebensbedingungen bekommen und ein Ziel, für das es sich zu leben lohnt. Aber die Anziehungskraft hat in der Regel nur eine Nationalität (Volksgruppe) oder eine Klasse von Menschen erfasst. Mao und Lenin brachten den unterdrückten Arbeitern Hoffnung, hatten aber den Bürgerlichen, der Bourgeoisie, nichts als Verachtung entgegenzubringen. Auch Jesus bietet den Armen Hoffnung, Gerechtigkeit und Liebe, aber seine Arme sind zu allen Menschen gleichermaßen ausgestreckt: zu den Reichen wie den Desillusionierten, den Alten wie den Jungen, den Stolzen wie den Selbstmordgefährdeten. Er verändert sie alle, aber er bedroht sie nicht und will auch nicht, dass sie ihre Kultur und Gesellschaft ablehnen. Der Einfluss von

Mao und Lenin stützte sich auf Rücksichtslosigkeit, Hass und eine erschreckende Gleichgültigkeit gegenüber der Wahrheit. Beide waren sie mehrfache Mörder. Was für ein Unterschied zu Jesus! Wo in der gesamten Menschheitsgeschichte findet sich solch ein Charakter, der die Kunst, Kultur, Medizin, Ethik und Bildung so entscheidend geprägt hat? Wer kam auf der ganzen Welt jemals Jesus gleich mit seiner Anziehungskraft auf Männer, Frauen und Kinder jeglicher Generation und jeden Typs? Und wer hat sie dabei noch zum Besseren hin verändert? Niemand hatte je einen solchen Einfluss zum Guten hin als Jesus von Nazareth. Und genau das macht ihn so besonders.

Zweitens: Die *Lehre* Jesu war etwas Besonderes. Niemand hat je so gelehrt wie er. So jedenfalls war die Schlussfolgerung der Soldaten, die ihn auf Geheiß der Priester verhaften sollten. Diese waren neidisch auf den Einfluss, den er hatte. Er lehrte sie, so sagt der Evangelist Matthäus, wie einer, der Autorität besaß, und nicht wie die religiösen Lehrer der damaligen Zeit: *„Als Jesus seine Rede beendet hatte, waren alle von seinen Worten tief beeindruckt. Denn er lehrte wie einer, der Vollmacht von Gott hat – ganz anders als ihre Gesetzeslehrer"* (Matthäus 7,28-29). Seine Lehre war tiefgründig, klar und einleuchtend und unvergesslich. Lehrmeister vor ihm zitierten immer gerne anerkannte Autoritäten, um ihre Lehrgebäude zu stützen. Nicht so Jesus! Er sagte einfach nur: *„Wahrlich, wahrlich, ich sage euch!"* Wer war dieses „Ich", das mit solch einer Macht und Anziehungskraft sprach? Wer sonst lud jedermann in sein Königreich ein und verglich Gott mit einem großen König, der Mann und Frau – ganz kostenfrei – zu einem herrlichen Festmahl bat? Die religiösen Leute, die Ausflüchte vorbrachten, fanden sich schließlich auf der Seite der Ausgeschlossenen wieder, während der Pöbel, der Abschaum der Gesellschaft, zu seiner großen Verwunderung entdeckte, dass er willkommen war. In welcher anderen Glaubensrichtung haben Sie schon einmal von einem Gott gehört, der eine Party schmeißt und diejenigen einlädt, die es am wenigsten verdient hätten, und der mit ihnen gemeinsam feiert (Lukas 14,15-24)?

Vergleichen Sie nur einmal Jesu Lehre mit der des Alten Testamentes und Sie entdecken die Kraft, die darin steckt! Verstehen Sie mich aber bitte nicht falsch! Jesus benutzte sehr wohl das Alte Testament als seine Bibel. Doch er hat seine Lehre dagegen gestellt – sozusagen als Erfüllung der darin gegebenen Verheißungen:

„Denkt nicht, ich sei gekommen, um das Gesetz und die Weisungen der Propheten außer Kraft zu setzen. Ich bin nicht gekommen, um sie außer Kraft zu setzen, sondern um sie zu erfüllen und ihnen volle Geltung zu verschaffen" (Matthäus 5,17).

Lesen Sie sich einmal die Bergpredigt durch (Matthäus 5-7) und spüren Sie ihre Kraft! Das Alte Testament hat Mord und Ehebruch verboten – Jesus geht noch weiter und verbietet Hass und Lust. Das Alte Testament hat zur Nächstenliebe aufgerufen – Jesus geht noch weiter und ruft zur Feindesliebe auf (und demonstriert diese auch noch). Das Alte Testament hat die Rache auf *„Auge um Auge und Zahn um Zahn"* (und nicht mehr) begrenzt. Jesus verbietet die Vergeltung insgesamt:

„Wenn dich jemand auf die rechte Backe schlägt, dann halte auch die linke hin. Wenn jemand mit dir um dein Hemd prozessieren will, dann gib ihm den Mantel dazu" (Matthäus 5,39-40).

Geht das nicht unter die Haut? Aber gehen wir noch einen Schritt weiter: Wo können Sie in Jesu Lehre irgendetwas finden, das Sie für falsch halten? Wie erklären Sie es sich, dass es bis zum heutigen Tage keinerlei moralische Weiterentwicklungen seiner Lehre gibt? Wie kam er zu seiner konkurrenzlosen Lehre, ohne jemals eine höhere Schulausbildung genossen zu haben? Wie kommt es, dass diese auf alle Menschen in jeder Kultur passt? Was war der unwiederholbare Faktor in seinen Erbanlagen und seiner Umgebung, die einen solch herausragenden Lehrer hervorbrachten? Ja, die Lehre von Jesus war wirklich etwas ganz Besonderes! Wenn Sie dem noch etwas hinzuzufügen hätten, kämen Sie mit Sicherheit auf die Titelseite jeder größeren Tageszeitung dieser Welt!

Drittens: Der *Charakter* Jesu war etwas Besonderes. Nie gab es einen solchen Charakter, wie er ihn hatte: so selbstlos und doch so stark, so anhaltend im Gebet und doch mit beiden Beinen auf der Erde, so friedfertig und doch so energiegeladen, so voller Liebe und doch ohne jegliche Sentimentalität, so dynamisch und doch nicht unbeherrscht. Niemandem ist es bislang gelungen, Jesus das Wasser zu reichen und ein solch einzigartiges Leben zu führen. Und niemandem ist es gelungen, es in den Schmutz zu ziehen. Jesus ist die einzige völlig ausgeglichene Person, die jemals gelebt hat. Er hatte keine Stärken, denn er hatte auch keine Schwächen. Er vereinte in sich alle Tugenden, die wir sowohl mit einem Mann als auch mit einer Frau verbinden, und besaß dabei keinerlei Untugenden. Auf der ganzen Welt sucht er Seinesgleichen.

Immer und immer wieder predigte er der Menge, dass Sie ihm nur folgen sollten, wenn seine Taten sich mit seinen Worten deckten. Und das taten sie auch. Jawohl! Es ist eine Sache, die universelle Liebe Gottes zu lehren, eine andere aber, diese an religiöse Heuchler, römische Soldaten, Bettler und Leprakranke – und an die eigenen Jünger, die einen verrieten und dem Tod auslieferten – zu verströmen. Es ist eine Sache, *„Selig sind die Armen“* zu sagen, und eine ganz andere, sich damit zufrieden zu geben, heimatlos zu sein und ohne einen Cent dazustehen. Es ist eine Sache zu sagen: *„Segnet eure Feinde"* und eine ganz andere zu rufen: *„Vater, vergib ihnen"*, wenn grausame Soldaten einem den blutenden Körper ans Kreuz nageln. Aber genau so verhielt sich Jesus. Sein Verhalten deckte sich exakt mit dem, was er lehrte.

Das ist etwas, was sonst niemand je erreicht hat. Sokrates, Moses, Konfuzius, Buddha, Mohammed – oder in unseren Tagen Mutter Theresa, Martin Luther King und Billy Graham: Alle lehrten sie großartige Dinge und die Menschen hingen ihnen an den Lippen. Aber nie hat eine dieser großen Persönlichkeiten es auch tatsächlich fertig gebracht, all das umzusetzen und zu leben, was sie lehrten. Buddha war in seinem frühen Leben verzogen. Konfuzius' Ehe war ein Desaster und endete mit einer Scheidung. Sokrates fühlte sich in unziemlicher Weise zu jungen Knaben hingezogen. Mohammed nahm sich elf Frauen und zahlreiche Nebenfrauen (Koran, Sure 33,49), obwohl seiner Ansicht nach die göttliche Offenbarung höchstens vier Frauen vorsah (Sure 4,3). Überdies veranlasste er den Mord an dem Dichter Ka'b Ibn Al'Ashraf, weil dieser sarkastische Verse über ihn verfasst hatte, und dessen Kopf wurde Mohammed zu Füßen geworfen mit dem Ausruf: *„Allahu Akbar* – Gott ist groß", ein Ausruf, der auch heute noch viele islamische Grausamkeiten begleitet. Wie ganz anders das Verhalten von Jesus! Darüber hinaus hatten alle wirklich großen Persönlichkeiten ein Bewusstsein ihres eigenen Versagens. Dieses Eingeständnis ist in der Tat eines der sichersten Kennzeichen von persönlicher Größe. Aber Jesus war anders. Er lehrte die höchsten Maßstäbe und Werte, die je ein Lehrer über die Lippen gebracht hat. Und er hielt sich auch an alle! Das ist kaum zu glauben, aber der Beweis dafür ist recht eindrücklich.

Seine Feinde konnten ihn nicht in den Schmutz ziehen. Dreimal erklärte ihn Pontius Pilatus, der Jesus hinrichten ließ, für unschuldig. Selbst Judas, sein Verräter, musste zugeben, dass er unschuldiges Blut verraten hatte. Die Verbrecher, die mit Jesus gekreuzigt wurden, stimmten darin überein, dass er nichts Falsches getan hatte. Selbst der Zenturio, der mit der Hinrichtung betraut war, staunte und sagte: *„Wahrhaftig, dieser Mensch war unschuldig"* (Lukas 23,47).

Wenn schon das Bekenntnis seiner Feinde beeindruckend ist, wie viel mehr das seiner Freunde! Normalerweise ist niemand für seine engsten Freunde ein Held: Diese wissen ja nur zu gut um seine Schwächen. Aber das war bei Jesus nicht der Fall. Einer der Jünger namens Johannes kannte ihn ganz genau und er konnte Jesus *„das wahre Licht, das ... allen Menschen leuchtet"* nennen (Johannes 1,9).

„Wenn wir behaupten: ‚Wir sind ohne Schuld', betrügen wir uns selbst ... In ihm [Jesus Christus] gibt es keine Spur von Sünde" (1. Johannes 1,8; 3,5).

Petrus nannte ihn: *„der Gerechte"* – im Gegensatz zu uns: *„die Ungerechten"* (1. Petrus 3,18 [Luther]). Paulus bezeichnete ihn als den Einen, *„der von keiner Sünde wusste"* (2. Korinther 5,21 [Luther]). Und der Autor des Hebräerbriefes sprach von ihm als dem Einen, *„den wir brauchen: Er ist heilig, an ihm ist nichts Verwerfliches, er hat keinen Fehler. Er ist ganz anders als wir sündigen Menschen"* (Hebräer 7,26). Kurzum, es gibt an keiner Silbe des Neuen Testamentes, so wie es von denen geschrieben wurde, die Jesus kannten oder gut kannten, etwas zu deuten. Die Sache ist eindeutig und klar: Jesus lebte ein perfektes Leben.

Und das können wir auch an Jesu eigenen Worten und an seinem Verhalten ablesen. Wir lesen nirgendwo über ihn, dass er sich entschuldigen oder zugeben musste, dass er falsch lag. Und das bei einem Mann, der so gewitzt darin war, die Heuchelei bei anderen aufzudecken! Im Vaterunser lehrt er uns zu beten: *„Vergib uns unsere Schuld"*, aber er selbst hat nie so gebetet. Hier ist also der Mann, der zu behaupten wagte, dass er immer das tat, was seinem Vater im Himmel gefiel (Johannes 8,29: *„ich tue stets, was ihm gefällt"*). Hier ist der Mann, der sich über eine wütende Menge ärgern konnte, weil er für sich beanspruchte, dass er eins mit Gott war, und fragte: *„Wer von euch kann mir eine Sünde nachweisen?"* (Johannes 8,46) – und der keine Antwort bekam! Wie man es auch drehen und wenden mag: Sein Charakter und sein Verhalten waren etwas Besonderes!

Dies sind nur einige der Dinge, die Jesus so besonders machen, ja, die ihn auszeichnen. Ich hätte sie noch weiter ausführen können, doch ich habe mich auf diese beschränkt. Sie haben aber dadurch bereits gesehen, dass Folgendes zutrifft:

- Andere haben zwar einen großen Einfluss gehabt, doch nicht so groß wie Jesus.
- Andere haben große Wahrheiten gelehrt, doch keine davon so umfassend.
- Andere haben ein gutes Leben geführt, aber keines so gut.

In den Kapiteln, die noch folgen werden, möchte ich vier Dinge herausgreifen, die Jesus auszeichnen, nicht nur als etwas Besonderes, sondern als absolut einzigartig.

Kein anderer großer Religionslehrer hat je behauptet, Gott zu den Menschen zu bringen

Wenn das Gespräch auf Gott kommt, geben die Leute oft eine der folgenden Standardantworten: „Oh, meinen Sie damit die große Kraft, die den Urknall bewirkt hat – mit dem die Welt entstanden ist? Ja, vielleicht, aber wie könnte er sich wohl für unsereins interessieren?“ Oder: „Ich glaube, es gibt kein höheres Wesen auf dieser Welt, das man Gott oder so ähnlich nennen könnte.“

Die erste Gruppe von Leuten sieht in Gott ein ganz fernes Wesen, das so groß ist, dass es wahrscheinlich diese blutende Welt gar nicht kennt, geschweige denn sich um sie schert. Die zweite Gruppe identifiziert Gott so sehr mit dieser unserer Welt, dass sie der Ansicht ist, ihn anzubeten, indem sie der Mutter Erde Anbetung zollt. Beide bringen aber etwas Wichtiges zum Ausdruck: Ein Gott, der es wert ist, angebetet zu werden, muss einerseits unendlich groß und majestätisch, andererseits so dieser Welt zugewandt sein, dass er sich wirklich um jeden einzelnen von uns sorgt.

Und das ist haargenau das, was Jesus uns vermitteln wollte. Es gibt in dieser Hinsicht eine äußerst aufschlussreiche alte Hymne über Jesus, die in einen der Briefe des Neuen Testamentes eingebettet ist. Sie zeigt, dass Jesus kam, um sowohl die Größe Gottes sichtbar zu machen als auch um auf seine leidenschaftliche und persönliche Fürsorge uns betreffend hinzuweisen. Da heißt es über Jesus Christus:

„Er war in allem Gott gleich,
und doch hielt er nicht gierig daran fest,
so wie Gott zu sein.
Er gab alle seine Vorrechte auf
und wurde einem Sklaven gleich.
Er wurde ein Mensch in dieser Welt
und teilte das Leben der Menschen.
Im Gehorsam gegen Gott
erniedrigte er sich so tief,
dass er sogar den Tod auf sich nahm,
ja, den Verbrechertod am Kreuz.
Darum hat Gott ihn auch erhöht
und ihm den Rang und Namen verliehen,
der ihn hoch über alle stellt.
Vor Jesus müssen alle auf die Knie fallen -
alle, die im Himmel sind,
auf der Erde und unter der Erde;
alle müssen feierlich bekennen:
„Jesus Christus ist der Herr!“
Und so wird Gott, der Vater, geehrt“
(Philipper 2,5b-11).

Das sind die Worte, die zu den ältesten Schriftteilen des Neuen Testamentes zählen und in den ersten zwanzig Jahren nach Jesu Tod verfasst wurden. Sie stellen einen ungeheuerlichen Anspruch dar. Denken Sie einmal darüber nach, was sie zum Ausdruck bringen! Erstens, dass Jesus in seinem ganzen Wesen – eben in allem – Gott, dem Allmächtigen, gleich war. Er war der einzige in der ganzen Geschichte, der von sich aus beschloss, in diese Welt hineingeboren zu werden. Er erniedrigte sich selbst, indem er einer von uns wurde. Und das muss für ihn wohl genauso attraktiv gewesen sein, wie wenn wir eine Ratte oder Schnecke werden sollten. Der unermesslich große und mächtige Herr schränkt sich selbst ein, wird klein. Er schrumpft sich quasi selbst und wird zu einem befruchteten Ei in dem Bauch eines Mädchens. Das und nichts Geringeres ist der christliche Anspruch. Entscheiden Sie selbst, denken Sie genau darüber nach, ob Sie das für glaubwürdig halten! Aber machen Sie keinen Fehler: Das und nichts anderes ist der Anspruch Gottes. Jesus ist kein geistreicher Rabbi, kein Wanderprediger, kein Prophet, sondern Gott, der Allmächtige, der sich freiwillig einschränkt, um unser Menschsein zu teilen. Und dies, um unter anderem uns Menschen zu zeigen, wie er wirklich ist und wie sehr er uns liebt. In dieser Menschwerdung, in diesem seinem Kommen auf die Welt oder in dieser „Inkarnation", wie die Christen es nennen, sind beide Phänomene kombiniert: Wir haben einerseits einen Gott, der unbegreiflich groß und doch andererseits unbeschreiblich liebend und besorgt um unsere menschliche Situation ist. Seine Liebe nahm selbst Verachtung, Widerstand und sogar den Tod in Kauf – sogar noch schlimmer: den grausamsten Tod, den man sich je denken kann, den Tod am Kreuz! Und wozu das alles? Darüber gibt das nächste Kapitel Aufschluss. An dieser Stelle sollten Sie einfach nur über diesen Anspruch nachdenken, den einer seiner Jünger formuliert hat:

„Gott selbst hat niemand bisher gesehen. Der Einzig-Eine, der Sohn, der wie kein anderer mit dem Vater verbunden ist (wörtlich: der in den Schoß des Vaters hineinlebt), der hat uns die Kunde von ihm gebracht."
(Johannes 1,18 [Bruns])

Mit anderen Worten: Wenn Sie wissen wollen, wie Gott ist, betrachten Sie einmal eingehend, wie Jesus war. *„In* *ihm allein"*, so sagt ein anderer seiner Nachfolger, *„ist die ganze Fülle der Gottheit verkörpert"* (Kolosser 2,9 [Bruns]). Petrus, einer seiner engsten Freunde, betont *„seine göttliche Kraft"* (2. Petrus 1,3). Und Judas, wahrscheinlich einer seiner eigenen Verwandten, spricht von ihm als von dem *„einzigen Gott, der uns rettet durch Jesus Christus, unseren Herrn"* (Judas 25). Der Schreiber des Briefes an die hebräischen Christen zeigt sich recht kühn, wenn er auf Jesus verweist als den Sohn und dann näher ausführt: *„Ihn hat Gott dazu bestimmt, dass ihm am Ende alles als sein Erbbesitz gehören soll. Durch ihn hat er auch am Anfang die Welt geschaffen. Die ganze Herrlichkeit Gottes leuchtet in ihm auf; in ihm hat Gott sein innerstes Wesen sichtbar gemacht. Durch sein machtvolles Wort sichert er den Bestand des Weltalls"* (Hebräer 1,2-3).

Wie Sie wissen, lebte Jesus recht bescheiden. Manche könnten ihn auch als bloßen Wanderprediger missverstanden haben. Und doch hat er selbst den bedeutsamsten Anspruch erhoben, den man sich denken kann. Er nannte Gott seinen *„Abba"*, ein aramäisches Wort, das so viel wie „lieber Papa" bedeutet. Von niemandem in der ganzen Menschheitsgeschichte zuvor wurde je berichtet, dass er so von Gott sprach. Er versicherte, dass er schon existierte, bevor Abraham geboren wurde – Abraham, der zweitausend Jahre vorher das jüdische Volk begründete: *„Ich bin – bevor Abraham überhaupt geboren wurde"* (Johannes 8,58). Er behauptete, dass jeder, der ihn sah, de facto auch Gott, den Vater, sah (Johannes 14,9: *„Wer mich gesehen hat, der hat den Vater gesehen"*). Er behauptete, dass er die Auferstehung vom Tode verkörperte und denen ewiges Leben geben könnte, die sich ihm anvertrauten. (*„Ich bin die Auferstehung und das Leben. Wer mich annimmt, wird leben, auch wenn er stirbt, und wer lebt und sich auf mich verlässt, wird niemals sterben, in Ewigkeit nicht"*, Johannes 11,25f.). Er behauptete, dass niemand Gott, dem Vater, begegnen könnte als nur durch ihn, der den Vater erfahrbar machte (Matthäus 11,25-27; Johannes 14,10-11). Er erklärte, dass ihm am Ende der Zeitgeschichte die Aufgabe übertragen würde, die Menschheit zu richten und sie wie die Schafe von den Böcken zu trennen und die Erretteten und die Verlorenen in zwei Gruppen zu teilen (Matthäus 7,24f; 25,31-46).

Denken Sie einen Moment lang über diese grandiosen Behauptungen nach und darüber, welcher Anspruch dahinter steht! Kann irgendein vernünftiger Mensch diese aufstellen, wenn er nicht wirklich das Wesen Gottes besäße, wenn er nicht wirklich wie Gott wäre? Ein solcher Anspruch wäre Buddha oder Konfuzius mit Sicherheit nie in den Sinn gekommen, weil sie ein Glaubenssystem anboten, das auf das ethische Verhalten abzielte und nicht auf Gemeinschaft mit Gott. Mohammed war in seinen frühen Jahren entsetzt über die Abgötterei, die um ihn herum herrschte. Deshalb ist der größte Lehrsatz seines Glaubensbekenntnisses der, dass Allah der Eine[9], der eine Gott sei (d. h. dass es außer Allah keinen Gott gäbe), und die größte Sünde die wäre, irgendjemand anderem ein göttliches Wesen zuzuschreiben (bzw. neben Allah noch andere Götter anzubeten). Mohammed hätte sich nie im Traum einfallen lassen zu behaupten, selbst göttlicher Natur zu sein. Hätte er irgendjemanden dies sagen hören, wäre das für ihn die abscheulichste Gotteslästerung gewesen, und er hätte wahrscheinlich einen solchen Gotteslästerer töten lassen.[10] Viele seiner Anhänger haben seither genau das getan und tun es immer noch. Während ich dies hier schreibe, erreicht mich die Nachricht, dass mehr als 10.000 Christen in der indonesischen Provinz Zentral-Sulawesi von islamistischen Extremisten getötet und weitere 8.000 mit vorgehaltenem Messer gezwungen wurden, zum Islam überzutreten. Denn ein Abfall vom Glauben (*Apostasie*), ein Abfall vom Islam (arab. *irtidad*) steht unter Todesstrafe: „Sie wünschen, dass ihr ungläubig werdet, wie sie ungläubig sind ... Und so sie den Rücken kehren, so ergreifet sie und schlagt sie tot, wo immer ihr sie findet“ (Koran, Sure 4,91).

Nach fairer Beurteilung der vorgebrachten Aussagen und Behauptungen wird somit deutlich, dass von den großen Lehrern allein Jesus Christus behauptete, so wie Gott, der Allmächtige, zu sein, während er zur gleichen Zeit ein liebender und selbstloser Vertreter der menschlichen Rasse war. Das ist unzweifelhaft in all den anderen Glaubensformen der Welt ohne Parallele. Und es zeigt, wie überaus besonders Jesus ist.

Sicherlich ist es eine Sache, zu behaupten, göttlicher Natur zu sein, und eine andere, es auch so unter Beweis zu stellen, dass Hunderte von Millionen Menschen für die nächsten zweitausend Jahre auch davon überzeugt sein können. Und doch ist es gerade das, was Jesus erreicht hat. Über eines wollen wir uns hier im Klaren sein, bevor wir uns den weiteren Fakten zuwenden: Kein Jude würde bereitwillig die Behauptung akzeptieren, dass Gott als Person, als Mensch in diese Welt gekommen ist. Die Juden waren genauso streng monotheistisch wie jeder Moslem auch. Aber die ersten Christen waren alle Juden! Sie mussten massive Vorurteile und Skeptizismus überwinden, wenn sie Jesus als den einzigen Menschen anerkennen wollten, der Gott in unsere Mitte brachte. Und doch ist das nach wie vor ihre Behauptung, wie wir oben gesehen haben. Wodurch wurden sie aber überzeugt? Lassen Sie uns an dieser Stelle das Bisherige nochmals rekapitulieren und zu den in den vergangenen Kapiteln angesprochenen Punkten hinzufügen!

Sie waren überzeugt auf Grund seines *Lebens*. Es hatte nicht seinesgleichen. Niemand konnte ihm auch nur eine Sache als falsch nachweisen, wie wir bereits gesehen haben. Denn in puncto Liebe, Aufrichtigkeit, Mut, Selbstaufopferung, reine Göttlichkeit konnte ihm keiner je das Wasser reichen. Das zog immer weitere Kreise und machte einen ungeheuren Eindruck auf diejenigen, mit denen er eng zusammen war. Diese kamen ins Fragen: „In seinem Leben ist keine der sonst normalen Verfehlungen festzustellen. Ist es denkbar, dass Jesus mehr war als nur ein Mensch?“

Sie waren überzeugt auf Grund seiner *Lehre*. Diese war die unmittelbarste, tiefgründigste, vollmächtigste, herausforderndste und anziehendste Lehre, die Menschen je zu Ohren gekommen ist. Lesen Sie einmal eines der Evangelien und bilden Sie sich selbst ein Urteil! Die gewaltigen und faszinierenden Gleichnisse, die herausfordernden und provozierenden Anfragen an die religiösen Führer, die Sorge für die Armen und Bedürftigen, die Ermutigung der Ängstlichen, die Lehre über das menschliche Schicksal: All das macht ihn zu dem dynamischsten Lehrer aller Zeiten. Vergleichen Sie einmal die Prägnanz und Pointiertheit der Aussagen Jesu mit der langatmigen und gewundenen, wenn auch an vielen Stellen schönen Lehre des Korans, oder falls Sie die Ausdauer dafür besitzen, mit der hinduistischen *Bhagavad Gita* oder mit den 5.000 oder mehr Bänden der chinesischen buddhistischen Schriften! Stellen Sie selbst für sich den Unterschied fest! Die Lehre Jesu war so ansprechend, dass Tausende von Menschen freiwillig ihre Arbeit niederlegten um des Vorrechts willen, ihm ausgiebig zuhören zu können. Und dieses Reden Jesu war so ursprünglich, so direkt, so herausfordernd für die religiösen Führer der damaligen Zeit, dass es den abgrundtiefen Hass der Priester heraufbeschwor und schließlich zu seiner Hinrichtung führte. Jesus beteuerte, dass seine Lehre nicht von ihm sei, sondern von seinem Vater, der ihn gesandt hatte (Johannes 7,16: *„Meine Lehre habe ich nicht selbst ausgedacht. Ich habe sie von Gott, der mich gesandt hat“*). Und so kamen immer mehr

Menschen, die ihm zuhörten, zu der gleichen Schlussfolgerung.

Sie waren überzeugt auf Grund seiner *Wunder*. Niemand hatte je die Dinge getan, die Jesus tat. Da gab es Heilungswunder: Er heilte die Blinden, die Tauben, die Verkrüppelten und gelegentlich weckte er die Toten auf. Da gab es die Naturwunder: die Speisung der fünftausend Menschen mit ein paar Brotlaiben und kleinen Fischen, die Verwandlung des Wassers in Wein, die unmittelbare Stillung eines Sturmes und das Wunder, dass er über das Wasser ging. Daneben gab es noch das Wunder seiner Geburt, ohne von einem menschlichen Vater gezeugt zu werden, und das seiner Auferstehung aus dem Grab. Diese Wunder werden von jüdischen und heidnischen wie auch von christlichen Quellen bestätigt und bezeugt. Sie wurden nie bewirkt, um sich aus eigennützigen Motiven selbst groß darzustellen. Sie entstammten vielmehr Jesu Mitgefühl für die menschliche Not. Sie waren ein Beweis dafür, dass das lang erwartete Königreich Gottes schließlich angebrochen war. Und sie waren auch ein sichtbares Zeichen für das, was Jesus bereit war, für die Menschheit zu tun. Der Eine, der die Menge speiste, kann eine hungrige Seele sättigen. Der Eine, der blinde Augen öffnete, kann dasselbe für Menschen tun, die von *Stolz und Vorurteil* geblendet sind. Der Eine, der die Toten auferweckte, kann demjenigen neues Leben bringen, der geistlich und moralisch tot ist. Wir lesen, dass seine Jünger nach einem seiner frühen Wunder an ihn glaubten: *„So vollbrachte Jesus in Kana in Galiläa sein erstes Wunderzeichen ... Und seine Jünger kamen zum Glauben an ihn“* (Johannes 2,11). Die Wunder waren ein entscheidender Faktor, der sie überzeugte, dass dieser Jesus nicht nur ein Mensch war.

Wir werden uns noch in zwei der folgenden Kapitel mit dem Kreuzestod Jesu und seiner Auferstehung beschäftigen. Diese waren von entscheidender Bedeutung, seine Nachfolger davon zu überzeugen, dass er wirklich Gott war, der zur Rettung der Menschheit gekommen war. Aber zuvor bedürfen zwei weitere Faktoren einer kurzen Erwähnung, bevor dieses Kapitel schließt.

Die Menschen waren auf Grund seiner *Erfüllung der Prophetie* von seiner Identität überzeugt. Das Alte Testament war voller Vorhersagen über den Tag, an dem Gott persönlich eingreifen würde, um sein Volk zu erretten. Diese bezogen sich auf einen König, der aus dem Stamme Davids kommen und dessen Reich kein Ende haben sollte (Jesaja 9,5-6). Sie bezogen sich auf Einen, der wie ein Menschensohn zu Gott käme und von ihm ein Reich empfänge, das nie zerstört würde, sowie Macht, Herrlichkeit und die Befugnis, zu richten. Sie bezogen sich auf einen Propheten, der wie Moses erscheinen würde und dessen Lehre unnachahmlich wäre. Sie bezogen sich auf einen Knecht Gottes (Jesaja 42,1), dessen Leiden immens sein würde und dessen Tod die Sünde des Volkes wegfegen würde (Jesaja 53,3-5). Auf einen Sohn Gottes, dessen Charakter sich mit dem seines Vaters messen ließe. Dieser Kommende würde für immer die Rolle des Propheten, Priesters und Königs übernehmen. Er würde ein Nachkomme der königlichen Linie Davids sein (Jesaja 11,1), aber in eine schlichte und verachtete Familie hineingeboren werden. Sein Geburtsort würde Bethlehem sein (Micha 5,1). Er würde sowohl Israel wiederherstellen als auch ein Licht für die Heiden sein. Er würde von seinem Volk abgelehnt, ja verstoßen werden, inmitten von Übeltätern sterben (Jesaja 53,9) und in einem Grab bestattet werden, das von einem reichen Mann stammen würde. Aber das wäre noch nicht sein Ende. Er würde wieder von neuem leben und was er in Gottes Namen beginnen würde, würde gelingen. Sein Tod und seine Auferstehung machten es normalen Männern und Frauen möglich, mit Gott ins

Reine zu kommen, dessen Geist daraufhin kommen und in ihrem Leben Wohnung nehmen würde (Ezechiël 36,25-28).

All das erfüllte sich mit Jesus. Nicht nur einige Punkte davon: *Alles* traf ein! Das trug dazu bei, dass sogar die orthodoxen Juden sich überzeugen ließen, dass Gott wirklich in der Person von Jesus Christus in ihre Mitte gekommen war. Denn es gibt de facto kein anderes Beispiel in der Weltliteratur für Prophetien, die Jahrhunderte zuvor ausgesprochen und später von einer historischen Person erfüllt wurden. Das war und ist noch immer ein gewaltiger Anreiz zum Glauben.

Es gab noch eine weitere Sache, die die Menschen damals davon überzeugte, dass Jesus tatsächlich Gott zu ihnen brachte, und das waren die *Behauptungen*, die er aufstellte. Ist es nicht eigenartig? Auf der einen Seite sehen wir, wenn wir in den Evangelien lesen, in Jesus eine demütige, selbstlose Gestalt, die die Kranken heilt, die Menschen lehrt und sich mit den Ausgestoßenen anfreundet. Auf der anderen Seite stellt er die umwerfendsten, ja fantastischsten Behauptungen auf – und viele von ihnen sind nur beiläufig dahingesagt. Er hält es für selbstverständlich, dass er das Recht hat, angebetet zu werden, was nur Gott allein zusteht: Als der zweifelnde Jünger Thomas nach der Auferstehung ihm zu Füßen fällt und ausruft: *„Mein Herr und mein Gott!“* (Johannes 20,28), akzeptiert Jesus das ganz natürlich – ohne Widerspruch. Kein guter Mensch würde das tun. Und sicherlich war Jesus mehr als nur ein guter Mensch – oder aber viel weniger! Sehen wir uns einmal an, wie er mit einer Frau umgeht, die in flagranti beim Ehebruch ertappt wurde, oder mit einem gelähmten Mann, der zu ihm gebracht wurde. In beiden Fällen sagt er: *„Deine Sünden sind vergeben.“* Und der gelähmte Mann brachte dies zum Ausdruck, indem er aufstand und umherlief! Was fangen wir nur mit einer

Behauptung wie dieser an? Die Pharisäer und Gesetzeslehrer wussten sehr genau, wie sie damit umgehen sollten. *„Was nimmt der sich heraus?“*, so fragen sie. *„Nur Gott kann den Menschen ihre Schuld vergeben, sonst niemand!“* (Markus 2,7). Das ist genau der Punkt! Jesus beanspruchte insgeheim für sich, das zu tun, was Gott tat, nämlich den Menschen ihre Sünden zu vergeben (siehe Johannes 8,1-11 und Markus 2,1-12).

Es gibt noch viele weitere Behauptungen, die Jesus aufgestellt hat. Er behauptet von sich, das Brot des Lebens, ohne das die Menschen hungrig bleiben, der Weg zu Gott, die Wahrheit über Gott und das wirkliche Leben von Gott zu sein (Johannes 6,48: *„Ich bin das Brot, das Leben schenkt“*; Johannes 14,6: *„Ich bin der Weg, denn ich bin die Wahrheit und das Leben“*). Er beansprucht für sich, die Auferstehung und der Weg zum ewigen Leben zu sein (Johannes 11,25: *„Ich bin die Auferstehung und das Leben“*). Er behauptet, der Eine zu sein, der uns in einzigartiger Weise Gott vor Augen führt und uns zu Gott bringt (Matthäus 11,25-30; Johannes 14,1-11). Nehmen Sie sich einmal die Zeit, eines der Evangelien durchzulesen – Sie werden dafür höchstens eine Stunde brauchen –, und Sie werden noch viele solcher Behauptungen entdecken! Was machen Sie daraus? Es gibt nur drei Möglichkeiten: Entweder war Jesus ein Verrückter, oder er war darauf aus, die Leute hinter's Licht zu führen, oder seine Behauptungen sind wahr. Können Sie sich vorstellen, dass solch ein Mensch mit einer solchen Lebensqualität und einer solch faszinierenden Lehre durchgeknallt war? Können Sie ernsthaft glauben, dass der, der so viel Nachdruck auf die Wahrheit gelegt hat, ein bedauernswerter Lügner war? Wenn nicht, gibt es nur eine einzige Schlussfolgerung. Dieser Jesus brachte *in der Tat* Gott zu uns.

C. S. Lewis (1898-1963), ein atheistischer Professor (für englische Literaturwissenschaft in Oxford), der Christ geworden war, formulierte es folgendermaßen:

Ich versuche hier, Sie davon abzubringen, so etwas Dummes loszulassen, wie es die Leute häufig über ihn sagen: „Ich bin bereit, Jesus als großen Moralprediger anzuerkennen, aber ich lehne seinen Anspruch ab, Gott zu sein." Das ist das Eine, was Sie nicht sagen dürfen. Ein Mann, der nur ein Mann war und die Art von Dingen sagte, die Jesus sagte, wäre kein großer moralischer Lehrer. Er wäre entweder ein Spinner – vergleichbar einem Mann, der von sich behauptet, ein pochiertes Ei zu sein – oder der Teufel aus der Hölle. Sie müssen sich entscheiden. Entweder war dies und ist dies der Sohn Gottes – oder aber ein Verrückter – oder noch etwas Schlimmeres. Sie können ihn als Narr abtun – Sie können ihn anspucken und ihn als Dämon zum Schweigen bringen – oder Sie können zu seinen Füßen fallen und ihn Herr und Gott nennen. Aber kommen Sie mir nicht mit irgendeinem von diesem halbherzigen Quatsch, dass er ein bedeutender Mensch und Lehrer gewesen sei. Diese Option hat er Ihnen nicht freigestellt. Das war nicht seine Absicht.

Jesus ist in seinem Tun einzigartig: Er hat Gott zu uns gebracht. Wir hören uns nochmal an, was C. S. Lewis dazu zu sagen hatte:

Es gibt keine halben Sachen. Und es gibt dazu keine Parallelen in anderen Religionen. Wenn Sie zu Buddha gegangen wären und ihn gefragt hätten: „Bist du der Sohn von Bramah?", hätte er geantwortet: „Mein Sohn, du bist immer noch im Tal der Illusion." Wenn Sie zu Sokrates gegangen wären und ihn gefragt hätten: „Bist du Zeus?", hätte er sie ausgelacht. Wenn Sie zu Mohammed gegangen wären und ihn gefragt hätten: „Bist du Allah?“, hätte er zuerst seine Kleider zerrissen und Ihnen dann den Kopf abgehauen.

Verglichen mit anderen religiösen Führern ist Jesu Anspruch einzigartig, Gott in seiner eigenen Person in unsere Welt gebracht zu haben, wie auch die Art, wie er diesen Anspruch durch solch mächtige Beweise untermauert hat.

Kein anderer großer Religionslehrer hat sich radikal der menschlichen Bosheit gestellt

Meiner Ansicht nach wird die Ausgereiftheit und Tiefe jedweder Religion am besten anhand der Haltung deutlich, die sie dem Bösen, dem Leid und der Boshaftigkeit an sich gegenüber einnimmt, die die menschliche Existenz zerstören. Handelt Gott sowohl mit Gerechtigkeit als auch mit Barmherzigkeit? Auf diesem Gebiet zeigt sich am ehesten, wie oberflächlich eine Religion ist. Es ist auch ein Bereich, in dem sich die Vorstellung, alle Religionen seien im Allgemeinen so ziemlich gleich, als unwahr und lächerlich erweist.

Die menschliche Bosheit hat sich die Menschheitsgeschichte hindurch hartnäckig gehalten. Sie hat ihre Wurzeln in jeder Person, die jemals geboren wurde. Schalten Sie nur einmal den Fernseher ein oder schlagen Sie die Zeitung auf und es springt Ihnen förmlich in die Augen: Brutalität, Lust, Gier, Korruption, Krieg, Zerrüttung von Ehen, Vergewaltigung, Hass, Bitterkeit, Unterdrückung, Gleichgültigkeit gegenüber den Nöten anderer – und was es sonst noch alles gibt. Leider ist das ein ständig auftretender, krankhafter – man könnte sagen epidemischer – Teil der menschlichen Natur. Und dieser hält sich hartnäckig trotz der gut gemeinten Bemühungen von Regierungen, der erfolgten Verbesserungen der sozialen Bedingungen und des bedachten Einsatzes von Psychologen, Predigern und Moralisten. Und dieser Zustand will einfach nicht verschwinden! Er ist der beständige Beweis dafür, dass wir, auch wenn wir das gerne glauben würden, kein reines Herz haben.

Lassen Sie uns einen Blick darauf werfen, was einige der Weltreligionen zu bieten haben, um dem Bösen im menschlichen Herzen und Tun entgegenzuwirken.

Um zu verdeutlichen, dass eben gerade nicht alle Religionen eine gemeinsame Sicht vom Bösen und vom Leiden haben, wollen wir mit dem Satanismus beginnen. Glauben Sie ja nicht, dass es so etwas nicht gäbe oder dass dies etwa harmlos sei! Eine bewusste Hinwendung zum Bösen, ja noch mehr eine Anbetung des Bösen ist sogar sehr weit verbreitet. Sie ist nicht nur auf die Satanskirche, die Musikszene (z.B. die *Manson*-Bande) oder auf den großen Kinoerfolg *Rosemary's Baby*[11] beschränkt. Hexenzirkel und schwarze Magie nehmen überall in Europa zu. Damit gehen Verstrickungen in das Okkulte, Astrologie, Wahrsagerei und Geisterbeschwörung (Nekromantie) Hand in Hand und sind allesamt auf dem Vormarsch. Aber keine von ihnen hat eine Antwort auf das Problem der menschlichen Boshaftigkeit. Im Gegenteil: Sie fördern es oder ignorieren es.

Der Konfuzianismus wie auch der Humanismus neigt dazu, die Boshaftigkeit vom Tisch zu fegen. Konfuzius (555-479 v. Chr.) hatte einen hohen moralischen Kodex: Ja, der Konfuzianismus ist in Wahrheit eher ein feines ethisches bzw. moralisches Gebilde, das den Menschen helfen sollte, miteinander zurechtzukommen, als ein Glaubenssystem, das darauf abzielt, Gott und die Menschheit miteinander zu versöhnen. Es strotzt nur so voller Anweisungen, wie *Chun-tzu*, „der überlegene Mann“ oder der „fromme Mensch“, wie er genannt wird, sich verhalten solle. Es enthält die negative Version der Goldenen Regel: „Was du selbst nicht wünschest, tu nicht an andern“ (*Ge-*

spräche, Buch XV,23).[12] Aha! Aber was, wenn ich versage, was, wenn ich das gar nicht tun kann? Hierauf gibt der Konfuzianismus leider keine befriedigende Antwort.

Konfuzius lehrte, dass die menschliche Natur im Wesentlichen gut sei, und wie sein Jünger *Meng-tzu* (Mencius)[13] (371-289 v. Chr.) es ausdrückte: „Auch wenn das Wasser von Natur aus stets abwärts fließt, kann man es dazu bringen, aufwärts zu fließen, aber nur als Ergebnis von äußerer Gewalt. Genauso ist die menschliche Natur im Grunde gut. Sie kann jedoch durch äußeren Druck dazu gezwungen werden, in schlechten Bahnen zu verlaufen." Das ist ein recht dürftiges Konzept. Anzunehmen, dass falsche Gedanken, Worte, Taten und Haltungen allein das Ergebnis äußeren Drucks seien, ist zutiefst unrealistisch. Wie grundverschieden ist da die Analyse von gut und böse, die Jesus anstellt:

„Denn aus ihm selbst, aus seinem Herzen, kommen die bösen Gedanken und mit ihnen Unzucht, Diebstahl und Mord; Ehebruch, Habsucht und Niedertracht; Betrug, Ausschweifung und Neid; Verleumdung, Überheblichkeit und Unvernunft. All das kommt aus dem Inneren des Menschen und macht ihn unrein" (Markus 7,21-23).

Der Buddhismus bringt uns auch nicht weiter. Er neigt eher noch zum Atheismus als der Konfuzianismus, erweist sich jedoch wie diese Glaubensform als praktischer Ratgeber in Lebensfragen. Im Buddhismus gibt es so etwas wie Sünde gegen ein „Höheres Wesen" nicht, denn ein solches gibt es gar nicht. Dagegen gibt es ein moralisches Gesetz von Ursache und Wirkung. Man erbt sozusagen Fremdkapital vom vorherigen Leben und stockt dieses durch sein eigenes Tun in diesem Leben auf (oder ab). Und so ergibt sich eine Summe von guten und schlechten Taten, die in einem anderen Leben wieder auftaucht. Man hat quasi diese Summe auf ein Konto eingezahlt, von dem man sie als Wiedergeborener im nächsten Leben erneut abheben kann. Dieser deprimierende Prozess setzt sich dann über Hunderte von Leben fort, bis man zur Erleuchtung durchdringt wie Buddha selbst (wenn man es denn schafft). So legt der Buddhismus einem eine Unzahl von Regeln auf, um an das verdiente Ziel zu kommen: 30 Regeln zur Bekämpfung von Habsucht, 75 Regeln für den Novizen, um als Mönch zugelassen zu werden, 227 Regeln für den männlichen Mönch und 311 für die Frau! Hier geht es also um ein Regelwerk, das allen Gesetzesbüchern ein Ende setzt! Es hat jedoch keine Antwort auf die Frage nach der menschlichen Niedertracht und Verdorbenheit und keine Antwort auf die Frage des Leides – außer durch das Aufgeben aller Begierde und schließlich die Auslöschung des eigenen Selbst.

Der Hinduismus, aus dem der Buddhismus hervorgegangen ist, ist recht ähnlich, nur dass er von der Reinkarnation spricht und nicht von der Wiedergeburt. Auch hier gibt es keinen Glauben an einen persönlichen Gott, sondern lediglich an *Brahman*, eine unpersönliche letzte Realität. Auch hier taucht wieder die gleiche schonungslose und unbarmherzige Doktrin vom *Karma*[3] auf, dem Gesetz der moralischen Konsequenzen: Du bezahlst für das, was du tust. Darin liegt nicht viel Hoffnung und auch nicht viel Logik. Das Karma fordert eine Bezahlung für die Missetaten – und doch gibt es keinen Gott, der sie entgegennimmt!

Da ist der Islam schon realistischer. Er erkennt ein „Höheres Wesen" – Allah – an. Er erkennt, dass dieses sowohl barmherzig als auch heilig ist. Dabei ist er sich bewusst, dass Sünde, dass menschliche Bosheit bestraft werden muss. Und der Koran spricht sehr viel von einem Gericht und den Flammen der Hölle. Doch, weil Allah so unvorstellbar groß und völlig von seiner Schöpfung getrennt ist, können sich die Menschen nicht der Gemeinschaft mit ihm erfreuen. Dementsprechend wird die Sünde auch nicht als Akt gesehen, der Gott das Herz bricht, sondern als Rebellion gegen seinen Willen. Der Moslem lebt unter einem legalistischen, d. h. gesetzlichen System, das im Wesentlichen auf fünf Säulen aufbaut:

1. Das Glaubenszeugnis
2. das rituelle Pflichtgebet,
3. die Pflichtabgabe (Almosen),
4. das Fasten (im Monat Ramadan) und
5. die Pilgerfahrt nach Mekka.

Der Islam lehrt, dass Allah am Tag des Gerichts die guten Taten auf eine Seite der Waagschale und die schlechten auf die andere legen wird (Koran, Sure 23,104,105: „Und die, deren Waage schwer ist, ihnen wird's wohl ergehen. Deren Waage jedoch leicht ist, die werden ihre Seelen verlieren ... für immerdar." Und dann wird man Gnade finden oder auch nicht: „Allah wird euch dafür zur Rechenschaft ziehen; und er verzeiht, wem er will, und straft, wen er will" (Koran, Sure 2,284; siehe auch Sure 3,126: „vielleicht findet ihr Barmherzigkeit" und Sure 5,21: „Er verzeiht, wem er will"). Und so hat kein Moslem die Gewissheit, ob Allah, wie barmherzig er auch sein mag, ihn annehmen und ins Paradies aufnehmen oder verdammen und in die Flammen der Hölle werfen wird. Dementsprechend gibt es im Islam der Gegenwart beständig Bestrebungen, die Gewissheit der Vergebung zu erlangen. An manchen Orten wurde Mohammed eine fast schon halbgottartige Stellung zugesprochen: Vielleicht wird er bei Allah für einen eintreten. An anderen Orten kann der Moslemische *„heilige Mann"*, den man *„Pir"* nennt, als Vermittler fungieren bzw. angerufen werden. Und an wieder anderen Orten können die Gebete der

Treuen und ihre Gaben den Weg durch das Feuer nach dem Tod lindern und den Zugang zum Paradies erwirken. Aber nirgends gibt es auch nur annähernd Gewissheit der Vergebung.

Da ist das christliche Verständnis, muss ich feststellen, weitaus tiefgründiger als all die Genannten. Kein anderer großer Lehrer bewältigte so radikal das Problem der menschlichen Boshaftigkeit. Nur Jesus tat dies. Die Bibel bestätigt, wie wir gesehen haben, die vergiftende Natur der Sünde im Herzen des Menschen. Sie wohnt dem Menschen inne. Sie hält sich hartnäckig wie das Unkraut, das immer wieder aus dem Boden schießt, wie sehr man es auch zurückschneiden oder ausreißen mag. Und die christliche Botschaft, das Evangelium, geht von folgendem Tatbestand aus – was ja auch Sinn macht: dass es nämlich Gott, dem persönlichen und unendlichen Schöpfer der Welt und der Menschheit das Herz bricht, wenn seine Geschöpfe ihn ablehnen oder diese ihre eigenen Wege gehen. Gott muss jedoch die bösen Taten, die aus dieser inneren Rebellion gegen ihn resultieren, richten. Kein Gott, der gut und gerecht, wahr und liebevoll ist, könnte mit Fug und Recht behaupten, dass das Böse in die Beliebigkeit jedes einzelnen gestellt sei oder könnte dieser gleichgültig gegenüber stehen. Er könnte uns nie über den Kopf streicheln und sagen: „Ja, ja, das ist doch nicht so schlimm. Schwamm drüber!“ Denn es ist eben nicht egal! Es verletzt die moralische Gerechtigkeit in der Welt. Denken Sie nur einmal an Hitler oder Stalin, die beiden offensichtlichen Beispiele für Massenmörder. Lässt Gott das kalt? Wird er nichts dagegen unternehmen? Nein, er muss sich dem stellen, wenn er der moralische Herrscher des Universums ist. Aber auf der anderen Seite – und das hat der Islam völlig richtig verstanden – ist Gott auch gnädig, voller Barmherzigkeit und Güte. Die Bibel geht noch viel weiter als der Islam und stellt fest, dass Gott nicht einfach nur der Mildtätige ist, der je nach Gutdünken Gnade erweist oder auch nicht, sondern dass er auch der große Liebende ist, der sich danach sehnt, eine enge Gemeinschaft mit uns zu haben. Ja, sie wagt sogar zu behaupten, dass Gott selbst die Liebe ist! Daraus ergibt sich aber unweigerlich ein Problem. Die Heiligkeit und Gerechtigkeit Gottes kann nicht zulassen, dass das Böse nicht zählt. Sie muss dieses Problem lösen. Denn es ist wie ein Krebsgeschwür, das um sich greift, andere infiziert und schließlich fatale Folgen hat, bis hin zum Tod. Deshalb muss es radikal entfernt werden.

Aber was sollte Gott denn damit tun? Seine Heiligkeit erfordert das Gericht über das Böse. Doch seine Liebe wendet sich dem Sünder zu. Wie könnte er aber, so heißt es in einem Brief des Neuen Testamentes, sowohl selbst *„gerecht"* sein, als auch sich als derjenige erweisen, der *„jeden für gerecht erklärt und auch gerecht macht, der sein Vertrauen auf Jesus setzt"* (Römer 3,26 [Bruns])? Und genau da liegt der Hase im Pfeffer.

Die Antwort auf diese Frage ist in ihrer Tiefgründigkeit atemberaubend. Sie stellt sich in kurzen Zügen wie folgt dar: Der allmächtige Gott liebte uns so sehr, dass er sich daran gemacht hat, unsere verbohrten und selbstbezogenen Herzen zu gewinnen. Darum wählte er sich ein Volk aus, die Juden, denen er große Schmerzen zufügte, um ihnen zu zeigen, wie er ist und wie sie damit umgehen sollten. Er musste hart daran arbeiten, um sie auf den Tag vorzubereiten, an dem er in menschlicher Gestalt in diese Welt kommen sollte: Wir nennen diesen Zeitpunkt das erste Weihnachten. Er verkörperte das, was das wahrhaft Menschliche ausmachte, und war sozusagen so wie Konfuzius es sagen würde „Mensch in seiner Bestform"; und für diejenigen, die Augen hatten zu sehen, verkörperte er zugleich das, was das Göttliche ausmachte. Er war der Mensch, der Gott war. Er lebte in selbstloser Abhängigkeit und absolutem Gehorsam gegenüber seinem Himmlischen Vater und teilte willig die Leiden seiner Jünger. Er wurde zu den unehelichen Kindern gezählt, er wurde nach seiner Geburt in einem heruntergekommenen Stall fast ermordet und lebte das Leben eines Flüchtlings. Er wuchs in einer armen Arbeiterklassenfamilie auf. Später als Lehrer und Wanderprediger hatte er kein Zuhause, keine Ausbildungsvergünstigungen und kein Einkommen. Er erlitt ungerechtfertigten Widerstand, eine unfaire Verurteilung und einen unverdienten Tod durch die schmerzvollste Hinrichtungsart, die Kreuzigung. Er trank den Becher menschlichen Leides aus bis zur Neige. Niemand kann zu Gott sagen: „Du verstehst das nicht." Er versteht, denn er hat das alles selbst durchlitten. Doch das Leiden als solches ist in der Sünde verwurzelt. Die Welt ist aus den Fugen geraten. Die Menschen verhalten sich nicht so, wie Gott sich das gedacht hatte, und so ist das Leiden die unausweichliche Folge. Es gibt eine Verbindung – wenn auch keine direkte – zwischen der menschlichen Sünde und dem menschlichen Leid. Und der faszinierendste Aspekt am Tod Jesu ist nicht nur der, dass er unsere Not durchlebt, sondern auch selbst die persönliche Verantwortung für die ganze Misere, sozusagen die Müllberge der menschlichen Verdorbenheit und Abgewracktheit auf sich genommen hat. Wenn Sie oder ich etwas Verkehrtes tun, betrifft das zunächst uns selbst und zehrt an uns. In der Regel verletzt es aber auch andere Menschen. Und immer schafft es eine Trennung zwischen uns und Gott. Und genau diese Barriere zwischen dem heiligen und liebenden Gott und uns verkehrten Menschen hat Christi Tod am Kreuz überwunden. Der Gott-Mensch nahm all die Schuld einer ganzen Welt, die in die Irre gegangen war, willig auf seine Schultern. Sein Tod setzte sich mit dem Problem der Vergehen aller Menschen, die je gelebt haben und je bis zum Tag des Jüngsten Gerichts leben werden, auseinander und bewältigte es. Er hat die ganze Last getragen – ein für alle Mal:

„Auch Christus hat ja für die Sünden der Menschen gelitten, der Gerechte für die Schuldigen, ein für alle Mal. So sollte er euch ... den Zugang zu Gott eröffnen“ (1. Petrus 3,18).

Deshalb kann auch niemand sagen, dass Gott versagt hätte, dass er ungerecht mit der menschlichen Schuld umgegangen sei. Er hat selbst dafür die Strafe bezahlt. Er hat sich den schlimmen Folgen gestellt. Weil er ein Mensch war, hat er sich als unser Stellvertreter genau richtig verhalten und die Last der menschlichen Schuld getragen. Und weil er göttlich war, ist sein Opfer vollkommen und ewig. Ihm muss nichts hinzugefügt werden und es muss niemals wiederholt werden.

Christus hat für alle Zeit ein Opfer für die Sünden gebracht. Deshalb sind wir durch das Opfer des Körpers Jesu Christi ein für alle Mal geheiligt. (Hebräer 10,10: *„Durch das, was Gott „verlangt“ hat, nämlich dadurch, dass Jesus Christus seinen eigenen „Leib“ zum Opfer brachte, sind wir nun ein für alle Mal von jeder Schuld gereinigt ...“*; Hebräer 10,12: *„Christus dagegen hat nur ein einziges Opfer für die Sünden gebracht ...“*.). Das ist die herrliche Botschaft des Neuen Testamentes. So kann Ihnen und mir in gerechter Weise vergeben werden. Gottes Liebe lädt uns ein, nach Hause zurückzukommen. Gottes zuvor und auch später nie da gewesenes Opfer macht klar, dass wir angenommen sind ohne einen Makel an unserem Wesen. Und was noch dazu kommt: Wenn wir erst auf dieses erstaunliche und großmütige Angebot reagiert haben, ist das der Beginn für etwas Neues: Unser Verhalten wird verändert. Und deshalb verhält es sich auch so: Wenn ein Mensch erst einmal aufrichtig und echt sein Leben Jesus Christus anvertraut hat, dann ist da zwar kein perfektes Leben, aber eine grundlegende moralische Besserung. Seine Liebe zu uns entfacht ein Feuer der Hingabe in unseren Herzen und wir sehnen uns dann danach, ein aufrichtiges Leben in Liebe für ihn zu leben. *„Wir lieben"*, so sagt Johannes, *„weil Gott uns zuerst geliebt hat"* (1. Johannes 4,19). So wird nicht nur das Problem der menschlichen Schuld vor Gott gelöst, sondern diejenigen, die seine Vergebung empfangen, beginnen aus Dankbarkeit, einen ganz anderen Lebensstil anzunehmen. Kein Lehrer, kein Guru in der gesamten Menschheitsgeschichte ist je fähig gewesen, ein solches Angebot völliger Vergebung und einen kompletten Neustart im Leben anzubieten! Jesus ist der einzige, der radikal mit der menschlichen Boshaftigkeit gebrochen hat. Er hat das Problem an der Wurzel angepackt, indem er ihren Dreck auf sich geladen hat, damit wir sie nie würden tragen müssen. Deshalb lieben seine Nachfolger ihn und beten ihn an. Dazu gibt es keine Parallelen. Dies ist ohnegleichen und findet sich nirgendwo sonst, in keiner Religion dieser Welt. Und keine andere Religion der Welt kann eine befriedigende Antwort darauf geben, wie wir zu einer engen Beziehung zu Gott den Zugang finden. Wie liebend sie sich ihn vorstellen mögen, er muss auch gerecht sein. Und wie kann ein gerechter Gott unsere Übertretungen übersehen? Der einzig gangbare Weg wäre doch, dass er sich in reiner Liebe entschließen würde, selbst unsere Schuld zu bezahlen. Die hinduistische Doktrin des *Karma*[3] besagt: „Wenn du sündigst, bezahlst du." Das Kreuz Christi hingegen zeigt uns Gott, wie er zu uns sagt: „Wenn du sündigst, bezahle ich." Und das ist und bleibt einzigartig!

Kein anderer großer Religionslehrer überwand die letzte Grenze – den Tod

Am 27. April 1783 verstarb der verdiente Befehlshaber der britischen Truppen in Indien, Generalleutnant Sir Eyre Coote. Auf meinen Reisen habe ich das riesige Monument besichtigt und bestaunt, das seine Verdienste würdigt und mit den Worten schließt: „Aber der Tod unterbrach seine glorreiche Karriere." Ja, manchmal tut er das!

„Die ersten beiden Minuten des Lebens sind entscheidend", besagte die Notiz an der Wand des Operationssaals. Darunter hatte jemand angemerkt: „Die letzten beiden sind auch nicht gerade ohne!"

Oder wie ein anderer gewitzelt hat: „Die gefährlichste Sache auf der Welt ist zu leben: Es gibt eine 100-prozentige Sterberate."

Ein trauriger Gedanke! Die meiste Zeit über schaffen wir es doch, nicht darüber nachzudenken, bis wir vielleicht am Grab eines Freundes stehen oder selbst einen Herzinfarkt erleiden. Dann erst fragen wir uns, ob es ein Leben nach dem Tode gibt. Der englische Philosoph und Staatstheoretiker Thomas Hobbes (1588-1679) brachte damals schon diese unsere Haltung ganz gut zum Ausdruck: „Wenn ich sterbe, werden die Würmer meinen Körper zerfressen und ich werde mich dem ‚Großen Vielleicht' stellen."

Schon seit Menschengedenken hat man das so gesehen. Ich werde nie vergessen, wie ich einmal den Libanon bereist und einige der ältesten Grabmäler der Welt besichtigt habe. Die Skelette, die ich dort sah, waren in einer höchst interessanten und aussagekräftigen Position bestattet. Ihre Knie waren unter das Kinn geklemmt und sie waren in ein irdenes Ei eingeschlossen. Mit anderen Worten, die Männer und Frauen dieser längst vergangenen Zeit hegten die Hoffnung, dass aus dem *Ei des Todes* neues Leben herausschlüpfen, herausbrechen würde. Sie wagten zu hoffen, dass sie, wenn sie tot wären, auf irgendeine Weise wieder zum Leben erwachen würden. Auf einer anderen Reise nach Italien war ich ebenfalls sehr davon beeindruckt, wie sich die alten Römer mit dem Tod beschäftigt hatten. In Herculaneum und Pompeji, den beiden Städten, die im Jahre 79 n. Chr. von einem schrecklichen Ausbruch des Vesuvs verschüttet wurden, gibt es viele Mosaikbilder, die sich mit dem Tod und dem Leben danach auseinander setzen. So sind noch viele Bilder von Skeletten mit Krügen in der Hand erhalten, von Schädeln, die bei einem Fest hinter den Feiernden hervorlauern, und Inschriften wie: „Vergiss nicht, dass du sterben musst!" Eines der eindrücklichsten Bilder ist das von einem Phönix, einem Fabelwesen in vogelähnlicher Gestalt, der sich selbst auf dem Scheiterhaufen verbrannt haben und aus der Asche neu erstanden sein soll. Unter dieses Bild hatte der Künstler geschrieben: „Phönix, wie glücklich du bist!"

Was haben die großen Religionen über die letzte Grenze, den Tod, zu sagen? Insgesamt gesehen, fällt ihre Antwort nicht sehr befriedigend aus.

Sowohl der Hinduismus als auch der Buddhismus glauben, dass es ein Leben nach dem Tode gibt. Aber dabei handelt es sich keineswegs um etwas, auf das man sich freuen könnte. Im Hinduismus wird mein *Atman*[14], meine Seele, nach dem Tod in einem anderen Körper wieder geboren, d. h. mein eigenes Selbst inkarniert sich in einem anderen Lebewesen und ich muss dann für die schlechten Taten, die ich in einem früheren Leben getan habe, büßen.

Der Buddhismus zieht dem Begriff „*Reinkarnation*" das Wort „*Wiedergeburt*" vor. Er glaubt, dass nach dem Tod eine neue Bewusstseinsform entsteht, die sich nach der moralischen Schuldhaftigkeit richtet. So bestimmen die guten und bösen Taten des Menschen dessen Schicksal im gegenwärtigen Leben und in zukünftigen Geburten. Das *Karma*[3] hat somit bei beiden Religionen das letzte Wort – es sei denn, dass man sich nach vielen Leben in der glücklichen Lage befindet, dass das Gute, das man getan hat, das Böse überwiegt. In diesem Fall besteht noch Hoffnung auf das *Nirwana*, wo alles Bewusstsein endet und man zu dem fundamentalen Einen oder zur Monade zurückkehrt, die allem zugrunde liegt und die alles im Universum umschließt. Es gibt kein ewiges Leben und kein „du", an dem man sich erfreuen könnte. Da ist nur die Rede von den Flüssen, die alle ins Meer fließen, und entsprechend kann die Asche der Verstorbenen in den Ganges gestreut werden und so in den Ozean fließen. Das hört sich nicht gerade berauschend an! Interessanterweise wird im Westen immer häufiger mit der Vorstellung von der Reinkarnation geliebäugelt, da sich wohlhabende und hedonistische (auf Lust und Genuss ausgerichtete) Leute verstärkt der Hoffnung verschreiben, dass sie im nächsten Leben sogar noch reicher und glücklicher sein könnten. Im Osten jedoch, wo diese Lehrmeinung entstand, wird das *Karma*[3] als schwere Last verstanden und niemand würde auf den Gedanken kommen, seine Hoffnungen darauf zu setzen, geschweige denn sich darauf zu freuen.

Auf den ersten Blick zeigt sich der Islam in dieser Hinsicht sehr viel optimistischer. Es steht fest, dass es ein Leben nach dem Tode gibt. Der letzte Tag bzw. der Tag des Gerichts wird ganz klar und deutlich im Koran angesprochen (Sure 75, Sure 81,1-19, Sure 82, Sure 83,4-21, Sure 84). Der Tag und die Stunde sind zwar ein Geheimnis, aber es soll 25 Anzeichen dafür geben. Dann werden alle Menschen erweckt werden. Die Bücher, die von den „Rechnungsführenden“ (Engeln) (Sure 23,115) verwahrt werden, werden sodann geöffnet werden und Allah wird die Taten jedes Einzelnen mit der Waagschale abwiegen (Sure 23,104f). Diejenigen, die Allah und seinem Gesandten Mohammed folgen, werden eine schmale Brücke zum islamischen Paradies überqueren (Sure 11,110), auch wenn manche von ihnen in eine zeitweilige oder auch endgültige Behausung in der Hölle hinabfahren können. Die „Ungläubigen“ (Abtrünnigen), d. h. Nicht-Moslems, und die Bösen werden in den Feuerflammen der Hölle gepeinigt werden. Die islamische Vorstellung vom Paradies dagegen ist recht sinnlich und ‚machomäßig'. Da gibt es für die Frauen nicht viel Ansprechendes. Die Männer sollen sich dort an „durchwobene Polster“ (Sure 56,15) und „auf grüne Kissen und schöne Teppiche“ lehnen (Sure 55,76). Sie schlürfen Getränke, die ihnen von den Huries oder Paradiesjungfrauen[4] gebracht werden (Sure 88,8ff). „Und großäugige Hûris gleich verborgenen Perlen als Lohn für ihr Tun“ (Sure 56,22) werden sie umgeben, „keuschblickende (Mädchen), die weder Mensch noch Dschânn zuvor berührte“ (Sure 55,56; siehe auch Sure 55,74 und Sure 56,3-38). Immer und immer wieder werden im Koran die sinnlichen Belohnungen einerseits und schrecklichen Bestrafungen andererseits betont. Als Moslem kann man sich jedoch nie des Paradieses sicher sein, wie gerecht und gläubig man auch sein mag. Eine der 17 Todsünden im Islam ist, „sich vor dem Zorn Allahs sicher zu fühlen“. Diese wird jedoch von einer anderen schwerwiegenden Sünde abgeschwächt, und zwar der, „an Allahs Barmherzigkeit zu verzweifeln“ (Sure 39,54).

Wie ein roter Faden zieht sich durch die Lehre des Islams der strenge Glaube an das *Kismet*, das unabwendbare Schicksal. Sowohl das Gute als auch das Böse entspringen dem Willen Allahs – und dieser Wille ist undurchdringlich und despotisch. Selbst die Zusage, dass „die Glückseligen“ (Sure 24,51) „ins Paradies kommen“ sollen, wird abgeschwächt durch die weiteren Worte: „es sei denn, dass dein Herr es anders wolle“ (Sure 11,110) („siehe, dein Herr tut, was er will“, Sure 11,109). So ist auch eines der am häufigsten gebrauchten moslemischen Worte das fatalistische *Insh'allah*: „So Allah es will.“ Erstaunlich nur, dass dieser Unterton der Unsicherheit in den jüngsten Verlautbarungen aus islamistischen Kreisen nicht mehr auszumachen ist. Da wurde doch all jenen, die sich selbst und Tausende mit ihnen im World Trade Center von New York in die Luft jagten, und all jenen palästinensischen Selbstmordattentätern, die so viele Israelis wie nur möglich abschlachteten, versichert, dass sie sich damit nicht nur ins Jenseits beförderten, sondern unmittelbar in den Genuss des Paradieses kämen. Wer sagt das? Wie können wir nur sicher sein, dass die Belohnung für einen Mord der Himmel ist? Davon kann doch wohl nicht selbstverständlich ausgegangen werden! Und es wirft auch ein schlechtes Licht auf die Religion, die so etwas in Aussicht stellt!

Diese islamische Sichtweise von einer Erlösung, die sich auf gute Werke und den unerforschbaren Willen Allahs gründet, ist zwar leicht verständlich – auch wenn sie nicht sehr tröstlich ist –, aber woher wollen wir überhaupt wissen, dass sie auch wahr ist? Hier müssen wir das Wort von dem „unfehlbaren“ Koran anbringen. Mohammed starb im Alter von 62 Jahren. Er hat nichts unternommen, um seine Vorstellungen über ein Leben nach dem Tode zu beweisen. Er blieb ein für alle Mal tot und sein Grab können wir noch bis zum heutigen Tage besichtigen.

An diesem Punkt ist die christliche Botschaft völlig anders. Jesus Christus bietet denen, die ihn lieben und ihm vertrauen, ewiges Leben an. Dieses Angebot zielt weniger auf mögliche Sinnesfreuden ab, sondern auf die Freude über die innige Gemeinschaft mit dem lebendigen Gott und seinem Volk für immer. Im letzten Buch der Bibel, der Offenbarung, lesen wir in recht bildhafter Sprache:

„Dies ist die Wohnstätte Gottes bei den Menschen! Er wird bei ihnen wohnen, und sie werden seine Völker sein. Gott selbst wird als ihr Gott bei ihnen sein. Er wird alle ihre Tränen abwischen. Es wird keinen Tod mehr geben und keine Traurigkeit, keine Klage und keine Quälerei mehr. Was einmal war, ist für immer vorbei." Dann sagte der, der auf dem Thron saß: „Gebt Acht, jetzt mache ich alles neu!" (Offenbarung 21,3-5).

Die Bibel macht wenig Anstalten, das Leben nach dem Tod zu beschreiben. Sie stellt es eher als ein „Zusammensein mit Gott für alle Ewigkeit" und ein „Ausscheiden aus diesem Leben, um bei Christus zu sein" dar: *„Dann werden wir für immer mit ihm zusammen sein"* (1. Thessalonicher 4,17); *„Ich möchte am liebsten aus diesem Leben scheiden und bei Christus sein; das wäre bei weitem das Beste"* (Philipper 1,23). Im starken Gegensatz zu dem, was alle anderen Glaubensrichtungen lehren, lässt sich die „Mitgliedschaft im Himmel" nicht durch unsere guten Werke verdienen, wie nobel sie auch sein mögen. Es ist vielmehr ein Geschenk des souveränen, des allmächtigen Herrn an all diejenigen, die ihr Leben Jesus Christus anvertrauen und versuchen, ihm gehorsam zu sein. In dieser Hinsicht gibt es aber kein unumstößliches Muss. Gott will keine *Wehrpflichtigen*, keine *Zwangseinberufenen* in seinem Himmel haben. Es gibt dort nur Freiwillige. Die, die ihm jedoch standhaft den Rücken zukehren und sein Geschenk des ewigen Lebens ausschlagen, können dafür nur sich selbst die Schuld geben. Wenn sie sich für ein Leben entscheiden, das sie von der Gegenwart Gottes ausschließt, wird Gott diese Entscheidung widerwillig akzeptieren: *„Sie werden dem ewigen Verderben ausgeliefert sein; für immer von unserem Herrn getrennt, ausgeschlossen aus seinem herrlichen Reich“* (2. Thessalonicher 1,9). Sie werden sich aber am Kreuz Jesu Christi vorbeidrängen müssen, das er als mächtige Barriere errichtet hat, um die Menschen davon abzuhalten, zur Hölle zu gehen. In letzter Konsequenz müssen wir jedoch auf jeden Fall alle eine Wahl treffen. Und Gott gibt uns das, worauf wir unser Herz gerichtet haben. Wir gehen alle *an unseren eigenen Platz*.

Vielleicht entgegnen Sie jetzt: „Warum sollte ich dieser Sichtweise von Himmel und Hölle denn mehr Glauben schenken als der islamischen?“ Eine berechtigte Frage, auf die es eine treffende Antwort gibt! Es ist eine Sache, etwas zu versprechen, wie Jesus es in der Nacht vor seinem Tod getan hat:

„Im Haus meines Vaters gibt es viele Wohnungen, und ich gehe jetzt hin, um dort einen Platz für euch bereitzumachen ... Und wenn ich gegangen bin und euch den Platz bereitet habe, dann werde ich zurückkommen und euch zu mir nehmen, damit auch ihr seid, wo ich bin“ (Johannes 14,2-3).

Und es ist eine ganz andere Sache, einem solchen Anspruch Gültigkeit zu verleihen, indem man drei Tage später vom Tod zu einem neuen und strahlenden Leben aufersteht! Aber das ist genau das, was Jesus getan hat! Und der Beweis dafür ist schlagend! Von den großen Lehrern der Weltreligionen hat sich allein Jesus Christus von dem bedrohlichen Griff des Todes befreit. Die Gebeine Buddhas wurden aufgeteilt und in verschiedenen Ländern aufgebahrt. Die Überreste Mohammeds liegen in Medina begraben. Aber die sterbliche Hülle Jesu Christi ist nirgends zu finden und zu verehren. Sein Körper, sein ganzes menschliches Wesen wurde von Gott, seinem himmlischen Vater, vom Staub des Todes auferweckt. Er lebt – für immer und ewig. Seine Auferstehung aus dem Grab ist genau das, was am Beginn der ganzen christlichen Bewegung stand.

Niemand sollte eine Behauptung wie diese ohne vernünftigen Grund glauben. Und der Beweis für die Auferstehung Jesu ist mehr als nur vernünftig: Er ist sogar zwingend! Ich werde ihn nachfolgend nur ganz kurz umreißen. In meinem Buch *The Empty Cross of Jesus* (Das leere Kreuz Jesu, Hodder, 1998) bin ich noch weit ausführlicher darauf eingegangen.

Wir wollen hier zunächst ein für alle Mal klarstellen, dass Jesus tatsächlich am Kreuz starb. Der Islam hat sich der Ansicht verschrieben, dass er das nicht tat. Die meisten Moslems glauben nämlich, dass Judas Iskariot an seiner statt starb. In der Tat widerspricht der Koran sich in dieser Sache selbst, denn wir lesen dort: *„(Gedenke,) da Allah sprach: „O Jesus, siehe, ich will dich verscheiden lassen und will dich erhöhen zu mir und will dich von den Ungläubigen säubern"* (Sure 3,48). Und wir lesen außerdem, dass zum Zeitpunkt von Jesu Geburt das Jesuskind in der Wiege gesagt haben soll: *„Und Frieden auf den Tag meiner Geburt und den Tag, da ich sterbe, und den Tag, da ich erweckt werde zum Leben!"* (Sure 19,34). Die Meinung, die in der islamischen Lehre jedoch vorgeherrscht hat und bestimmend gewesen ist, steht im Koran, in Sure 4,156f: *„... doch ermordeten sie ihn nicht und kreuzigten ihn nicht, sondern einen ihm ähnlichen ... und nicht töteten sie ihn in Wirklichkeit, sondern es erhöhte ihn Allah zu sich."* Die Vorstellung, dass Jesus nicht am Kreuz starb, sondern jemand anderer oder eine bloße Erscheinung, ist ein frühchristlicher Irrglaube – eine Häresie, wie sie in der *Apostelgeschichte des Johannes* im frühen dritten Jahrhundert beschrieben wurde. War Mohammed die arabische Übersetzung bekannt? Sowohl die Gnostiker, die dies aufbrachten, als auch die Moslems waren davon überzeugt, dass es gar nicht sein konnte, dass Gott leiden musste. Aber das heißt nun nicht, dass die Moslems glaubten, dass Jesus göttlicher Natur war. Nein. Nein. Irgendjemandem außer Allah ein göttliches Wesen zuzuschreiben, wäre eine unverzeihliche Sünde, wäre *Shirk* (Vielgötterei, Beigesellung [Gott etwas ihm Gleiches an die Seite zu stellen]) gewesen. Für den Islam ist jedoch die Vorstellung undenkbar, dass Allah einen Propheten in der Ausfüllung seiner Mission im Stich lassen könnte. Im islamischen Glauben wäre zudem undenkbar, von einer Gerechtigkeit auszugehen, die eine unschuldige Person für andere leiden lässt. So befinden sich die Moslems also in einem Zwiespalt über Jesus. Sie halten ihn für einen Propheten – zwar nicht für einen solch großen Propheten wie Mohammed – und doch glauben sie, dass Jesus in den Himmel erhoben wurde, ohne selbst zu sterben, was ihn weit erhabener sein lässt als Mohammed, der mit Sicherheit starb.

Der Tod Jesu am Kreuz ist sicher. Es handelte sich dabei um eine große öffentliche Hinrichtung durch die Römer, die nicht nur in allen vier Evangelien und den restlichen Büchern des Neuen Testamentes bezeugt ist, sondern auch von außerchristlichen, nämlich römischen und jüdischen Quellen jener Zeit attestiert wird. Zu diesen gehören der römische Geschichtsschreiber Tacitus (ca. 55-110 n. Chr.) (*Annalen* 15,44) und der jüdische Historiker Flavius Josephus (ca. 37-100 n. Chr.) (*Altertümer* 18,3).[15] So ist auch die Inschrift „Jesus von Nazareth, König der Juden“, die in drei Sprachen verfasst und an sein Kreuz genagelt wurde, vermutlich erhalten geblieben. Sie wurde kürzlich von dem Paderborner Papyrologen Professor Carsten P. Thiede identifiziert. Die Römer waren sehr gewissenhaft und genau, wenn es um ihre Hinrichtungen ging. Es besteht aus historischer Sicht kein Zweifel, dass Jesus gekreuzigt wurde. Die Beweise hierfür datieren aus dieser Zeit, vergleicht man sie mit der unbegründeten Behauptung des Korans, die aus dem siebten Jahrhundert datiert!

Nun gut, er wurde gekreuzigt, aber war er auch wirklich tot? Hat er sich vielleicht nicht nur in dem kühlen Grab ausgeruht und ist dann herausspaziert, um seine Jünger davon zu überzeugen, dass er von den Toten auferstanden ist? Das ist wirklich eine dumme Vorstellung, auch wenn jene, die verzweifelt versuchen, die Auferstehung zu leugnen, über die Jahrhunderte hinweg ihr hin und wieder verfallen sind. Zum einen gibt es keinen einzigen Bericht von jemandem, der eine römische Hinrichtung mitsamt Auspeitschen je überstanden hätte. Selbst wenn Jesus mit einem blauen Auge davongekommen wäre und das Ganze überlebt hätte – was verwunderlich genug gewesen wäre –, wäre er zu schwach gewesen, um den wuchtigen Stein, der die Grabestür verschloss, zur Seite zu rollen. Und selbst wenn ihm dies gelungen wäre, wie hätte solch ein blutüberströmtes, verwundetes und ausgezehrtes Wesen es geschafft, seine Nachfolger davon zu überzeugen, dass er der Herr des Lebens und Bezwinger des Todes sei? Wenn Sie einen letztgültigen Beweis wollen, dass Jesus wirklich tot war, dann bekommen Sie diesen in dem Augenzeugenbericht eines Jüngers. Um sicherzugehen, dass Jesus schon tot war, stach ein Soldat ihn mit einem Speer in die Seite. *„Da kam Blut und Wasser heraus"* (Johannes 19,34). Der historische Schreiber konnte noch keine Ahnung von der medizinischen Bedeutung dessen haben, was er da sah. Aber jeder Arzt heute kann Ihnen erklären, dass die Trennung von dunklem klumpigem Blut von wässrigem Serum eines der sichersten Zeichen für den Tod ist.

Und all die frühen Belege geben uns Gewissheit darüber, dass Jesus am ersten Ostertag von den Toten auferstanden ist und das Grab leer aufgefunden wurde – und das trotz der Tatsache, dass Jesus tot war, dass er begraben war, dass das Grab mit einem wuchtigen Stein verschlossen war, und trotz der Tatsache, dass eine Wache am Grab gestanden hat.

Hätten seine Feinde denn den Leichnam fortgeschleppt? Mit Sicherheit nicht, denn sie hatten ihn doch schließlich dort, wo sie ihn hinhaben wollten. Hätten seine Freunde es tun können? Nein. Sie waren absolut entmutigt und rannten davon, meinten sie doch, dass sie einem in Verruf gebrachten Führer gefolgt waren, der hingerichtet worden war und alle ihre Hoffnungen zerstört hatte. Mit Sicherheit erwarteten sie nicht, dass er wieder zum Leben erwachte. Denn alle Berichte in den Evangelien von seiner Auferstehung bezeugen ihre ungeheure Verwunderung und anfängliche Skepsis, dies zu glauben. Sie wären ja gar nicht in der Lage gewesen, den Wachposten zu umgehen und zum verschlossenen Grab vorzudringen. Und selbst wenn es ihnen auf die ein oder andere erstaunliche Weise gelungen sein sollte, wären sie nie überall in der Welt umhergezogen, um mit solch einer Freude seine Auferstehung und seine Gegenwart zu verkünden, dass die Menschen dachten, sie seien betrunken – und dies mit einer solchen Vehemenz, dass Gefängnis, Folter und Tod sie nicht aufhalten konnten. Man lässt sich schließlich nicht dafür töten, dass man einen Betrug verkündet!

Alle Berichte belegen, dass das Grab am Ostertag leer war, und dies wird durch einige erfreuliche Details in den Evangelien unterstützt. So erzählt der Bericht des Johannes beispielsweise, dass Petrus und Johannes gleich, nachdem sie von den Frauen gehört hatten, dass Jesus lebte, zum Grab eilten. Als sie dort ankamen und sich umschauten, beobachteten sie etwas recht Merkwürdiges: Die Leinenbinden, die mit kostbaren Duftölen und -stoffen versehen waren – wie es der jüdischen Begräbnissitte entsprach – und in die Jesu Leichnam gewickelt war, lagen zusammengelegt in ihrem Originalzustand da – *doch ohne einen Körper darin*. Die Jünger sahen auch das Tuch, mit dem sie Jesus das Gesicht bedeckt hatten. *„Dieses Tuch lag nicht bei den Binden, sondern war getrennt davon zusammengelegt"* (Johannes 20,7). – Und sie sahen und glaubten (Johannes 20,8). Warum? Weil ihnen klar wurde, dass der Körper Jesu aus den Grabtüchern herausgeschlüpft war, genau wie ein Schmetterling aus seinem Kokon schlüpft. Und die Kopfbedeckung lag abseits, genauso wie die Haube der Puppenhülle, wenn der Schmetterling ausgeschlüpft ist. Die Feinde Jesu konnten den Leichnam Jesu nicht gestohlen haben. Und die Freunde Jesu ebenso wenig. Niemand sonst war daran beteiligt. Die Umstände, die noch vorhandenen Grabtücher, unterstützen diesen Tatbestand. Deshalb sehen wir uns zu der Schlussfolgerung gezwungen, dass das Grab leer war, weil Gott Jesus erweckte und aus den Klauen des Todes befreite.

Aber das leere Grab ist nicht der einzige Beweis oder noch besser gesagt der wichtigste Beleg dafür, dass Jesus den Tod besiegt hat. Vielmehr ist die christliche Kirche auf Grund dieses ersten Ostertages entstanden. Ursprünglich gab es nichts, was das Christentum von dem Judaismus unterschied, außer der Überzeugung, dass Jesus schließlich Gottes Erlöser war, der gekreuzigt worden und von den Toten auferweckt worden war. So schreibt Paulus in Römer 1,4: *„Es ist die Botschaft von seinem [Gottes] Sohn, Jesus Christus, unserem Herrn ... Durch die Kraft des Heiligen Geistes als Erster vom Tod erweckt, ist ihm die Macht übertragen, die ihm als Sohn Gottes zusteht"*. Jesus bewies also durch seine Auferstehung von den Toten, dass er der Sohn Gottes war. Und die Kirche, die mit dieser Überzeugung ausgestattet war, die den Juden und Heiden so unglaublich vorgekommen sein musste, fegte über den Mittelmeerraum hinweg und machte, wohin sie auch kam, die Menschen zu Jüngern, die wiederum ebenso von dieser Botschaft überzeugt waren. Heute umspannt sie weit mehr als ein Drittel der menschlichen Bevölkerung auf der ganzen Welt.

Die frühchristliche Kirche hatte drei besondere Kennzeichen. Diese waren überall zu finden und sind es heute noch. Sie hatte einen besonderen Tag, den *Sonntag*, einen besonderen Initiationsritus, die *Taufe*, und ein spezielles Festessen, das *Abendmahl*. Alle drei sind ohne die Auferstehung nicht denkbar. Die Gläubigen haben andere Menschen in eine symbolische Gemeinschaft mit Jesus hineingetauft, sie haben sie auf seinen Tod und seine Auferstehung getauft. Sie nahmen das heilige Mahl mit Jubel und Freude in der Gegenwart ihres auferstandenen Herrn ein. Und sie brachten es fertig, den Ruhetag von Samstag (zu Ehren Gottes, der sein Schöpfungswerk vollendet hatte) auf Sonntag (zu Ehren Gottes, der Jesus aus dem Grab auferweckt hatte) zu ändern! Die Taufe, das Abendmahl und der Sonntag: Sie alle bekräftigen, ja bestätigen die Auferstehung Jesu Christi. Es ist undenkbar, dass die Christen auch nur eines davon erfunden hätten, wenn diese nicht stattgefunden hätte.

Aber wir müssen noch einen Schritt weitergehen. Der Herr erschien nach seiner Auferstehung einer großen Anzahl von Leuten. Paulus, der diese Ereignisse nur etwa 20 Jahre später niederschrieb, erinnert seine Leser in Korinth an die fundamentale Bedeutung der Auferstehung: Ihr ganzer Glaube beruht darauf. Er berichtet, wie Jesus zunächst Petrus erschien, dem Mann, der ihn verleugnet hatte, dann dem ganzen Kreis der zwölf Jünger, die weggelaufen waren, und später seinen mehr als 500 Nachfolgern. Ihnen erschien Jesus vermutlich in Galiläa, wo der größte Teil seines Dienstes stattgefunden hatte. Er erschien seinem Bruder Jakobus, der zu seinen Lebzeiten nicht an ihn geglaubt hatte, und schließlich führt Paulus sich selbst an, wie er die Kirche in ihren Anfängen noch erbittert verfolgt hatte. Fassen wir diese Truppe einmal zusammen: Da gab es neben den allerersten Frauen, die das Grab am Ostermorgen leer vorgefunden hatten, noch Erscheinungen (an einer Vielzahl von Orten) und Begegnungen mit Fischern, die ihm drei Jahre lang gefolgt waren, mit einem skeptischen Bruder, einem fanatischen pharisäischen Gegner und mit mehr als 500 ganz normalen Menschen, von denen die meisten noch lebten, als Paulus seinen Brief verfasste (siehe 1. Korinther 15,1-11). Ist das nicht ein sehr treffender Beweis? Niemand konnte dies in diesen frühen Tagen bestreiten!

Und vielleicht ist der zwingendste Beweis von allen der, wie das Leben dieser ersten Jünger durch ihre Zugehörigkeit zu Jesus nach seiner Auferstehung grundlegend verändert wurde. Petrus veränderte sich von einem Feigling, der seinen Herrn, als es darauf ankam, verleugnet hatte, zu einem Mann, der unerschütterlich wie ein Fels den Drohungen, der Gefängnisstrafe und dem Todesurteil des jüdischen Establishments trotzte und sich nicht davon einschüchtern ließ. Die zwölf Apostel wurden durch die Auferstehung in der Weise verändert, dass aus den Defätisten, aus den Schwarzsehern, eine mächtige Taskforce, eine Spezialeinheit sozusagen, wurde. Die Fünfhundert wurden von einem zerstreuten, chaotischen Haufen in eine Kirche verwandelt. Hier spielt sich eine der größten „Comeback-Storys" der Weltgeschichte ab. Alle Jünger einschließlich Thomas (Johannes 20,26-31) kamen von ihrem Unglauben zu einem glühenden, ja begeisterten Glauben. Jakobus, Jesu skeptischer Bruder, wurde durch die Auferstehung in einen Gläubigen verändert, der in der Folge die Jerusalemer Kirche anführte. Was spricht dafür? Doch ein einfacher Satz: *„Dann erschien er Jakobus"* (1. Korinther 15,7). Und wohl am Erstaunlichsten von allem ist die Verwandlung des Saulus von Tarsus, dem grausamen Verfolger der Kirche, in den Paulus, den wohl furchtlosesten

Apostel von allen. Was spricht dafür? Doch eine kurze Feststellung: *„Ganz zuletzt ist er auch mir erschienen"* (1. Korinther 15,8).

Und Jesus ist auch mir erschienen. Ich habe ihn zwar nicht in körperlicher Gestalt gesehen, aber ich habe seine Kraft erlebt und seine Gegenwart erfahren, seit ich vor 56 Jahren mein Vertrauen in ihn gesetzt habe! Ich *denke* nicht, dass Jesus lebendig ist. Ich *weiß*, dass er es ist. Er leitet mich, wo ich die Dinge nicht überblicken kann; er ermutigt mich, wo ich ein Tief habe; er stärkt mich, wo ich mit meinen Versuchungen zu kämpfen habe, und hilft mir, sie zu überwinden. Er gibt mir Freude und Frieden, den ich sonst nirgends finden kann. Er gibt mir Liebe für andere, die vorher nicht da gewesen ist, und einen wunderbaren Sinn, für den ich leben kann. Ich kann mich den Worten Paulus' anschließen und sagen: *„Ich weiß, wem ich Glauben geschenkt habe"* (2. Timotheus 1,12). Ich weiß nicht nur von ihm, sondern ich *kenne* ihn. Und das ist das Privileg der vielen Billionen Menschen, die seit dem ersten Osterfest Christen geworden sind. Sie sind alle Zeugen der Auferstehung. Das kann von keinem anderen Glauben gesagt werden. Jesus ist etwas Besonderes, denn er hat die Barriere des Todes durchbrochen. Und weil er lebt, können wir ihn persönlich erfahren, können ihn kennen lernen. Wir können uns jetzt in diesem Leben an ihm erfreuen und zuversichtlich sein, dass wir nach dem Tod bei ihm sein werden, was weit besser ist als jegliche Freude, die dieses Leben zu bieten hat. Im Gegensatz zu anderen Religionsführern verspricht er uns nicht nur ewiges Leben in Gemeinschaft mit ihm, sondern wertet dieses Versprechen noch durch seine Auferstehung von den Toten auf. Das aber konnten Konfuzius, Mohammed, Sokrates und die anderen alle nicht leisten. Und gerade das macht Jesus zu etwas wirklich Besonderem. Oder meinen Sie nicht?

Kein anderer großer Religionslehrer bietet an, in seinen Nachfolgern zu leben

In diesem Punkt wie in keinem anderen unterscheidet sich das Christentum radikal von all den anderen Religionsrichtungen auf unserem Globus. Sein *Religionsstifter* bietet an, wiederzukommen und im Herzen und Leben seiner Nachfolger zu wohnen! Nehmen wir diese scheinbar absurde Behauptung einmal näher unter die Lupe!

In vielen Punkten war Jesus den anderen großen philosophischen Lehrern und Religionsführern genau gleich. Sokrates hatte eine Gruppe von Jüngern um sich geschart, die überall mit ihm hingingen, um mit ihm die Wahrheit zu ergründen und zu erörtern. Buddha hatte eine ähnliche Gruppe um sich gesammelt. Und auch Jesus. Das war damals so gang und gäbe. Auf diese Weise wurden höhere Weisheiten und Lehren weitergegeben: durch einen Meister an seine Schüler. Soweit ist an Jesus nichts Ungewöhnliches. Der eklatante Unterschied machte sich erst einen Abend vor Jesu Tod bemerkbar. Er fing an, seine Jünger über den Heiligen Geist zu unterrichten – was sie zu diesem Zeitpunkt nur ganz vage verstehen konnten. Und folgendes hatte er dazu zu sagen:

„Und ich werde den Vater bitten, dass er euch an meiner Stelle einen anderen Helfer gibt, der für immer bei euch bleibt, den Geist der Wahrheit. Die Welt kann ihn nicht

bekommen, weil sie ihn nicht sehen kann und nichts von ihm versteht. Aber ihr kennt ihn, denn er wird bei euch bleiben und in euch leben. Ich lasse euch nicht wie Waisenkinder allein; ich komme wieder zu euch" (Johannes 14,16-18).

Was konnte Jesus wohl damit gemeint haben? Auf wen war diese Anspielung gemünzt?

Der Islam hat eine *glorreiche* Antwort darauf. Er geht davon aus, dass Jesus, dem der Koran hohen Respekt entgegenbringt und den er als einen großen Propheten Allahs ansieht, bereits zu diesem Zeitpunkt das Kommen Mohammeds sechs Jahrhunderte später voraussagte. Diese Interpretation ist aber ganz und gar unmöglich. Der „Helfer" oder „Tröster" sollte nämlich für immer bei den Jüngern bleiben und in ihnen leben; und die Welt würde ihn nicht sehen, nicht verstehen und nicht bekommen. Das konnte sich unmöglich auf Mohammed oder irgendeine andere Person beziehen, denn jedes menschliche Wesen wäre sichtbar oder könnte verstanden und aufgenommen werden, es könnte aber mit Sicherheit in keinem anderen leben.

Nein. Jesus bezog sich auf den Heiligen Geist, den seine Jünger gewissermaßen schon kannten, denn er war in Jesus verkörpert. Jesus war ein großer Führer, Lehrer und Tröster für seine Nachfolger gewesen und er versprach, dass sie nach seinem Tod einen „anderen" als Helfer empfangen würden, den Geist der Wahrheit, den der Vater ihnen geben würde. In den Gesprächen Jesu an seinem letzten Abend mit seinen Jüngern gibt es mehrere Anspielungen auf ihn, die in Johannes 14-16 aufgezeichnet sind. Der Geist würde ein immer währendes Geschenk an sie sein. Er würde sie in die Wahrheit Gottes weiter einführen, würde sie mit Jesu eigenem Frieden durchströmen, Zeugnis für Jesus ablegen und die Jünger befähigen, das auch zu tun. Ja, sie erkannten sogar, dass es zu ihrem Vorteil war, dass ihr geliebter Meister von ihnen genommen worden war, denn sonst wäre der Geist Gottes nicht zu ihnen gekommen.

Wie begrenzt ihr Verständnis von der Tragweite dessen, was geschah, auch war, Jesu Jünger wären auf Grund ihrer Kenntnis des Alten Testamentes durchaus in der Lage gewesen, den Grundtenor dessen zu erfassen, was Jesus zu sagen hatte. Dort ist der Geist Gottes bereits von Beginn an am Wirken. 1. Mose 1,2 spricht davon, wie der Geist über den Wassern des Chaos schwebt und bei der Erschaffung der Welt assistiert (*„Am Anfang schuf Gott Himmel und Erde. Die Erde war noch leer und öde, Dunkel bedeckte sie und wogendes Wasser, und über den Fluten schwebte Gottes Geist“*). Im Verlauf des Alten Testamentes wird dann die Rolle des Geistes zunehmend deutlich. Und wir reden hier über den Geist von Gott selbst, nicht über irgendeinen geistlichen Aspekt des menschlichen Seins. Der Geist des Herrn soll und kann nicht durch die Menschheit domestiziert oder klein gehalten werden: Im Gegenteil, er ist unergründlich; er ist eben ganz *anders*; er ist groß und mächtig. Der Geist kommt über einen Handwerker wie *Bezalel* – und infolgedessen erstellt dieser wunderbare handwerkliche und künstlerische Arbeiten (2. Mose 31,2-5: *„Ich habe ihn mit meinem Geist erfüllt ... und ihn zu jeder künstlerischen Tätigkeit befähigt. Er kann Bilder und Gegenstände entwerfen und sie in Gold, Silber oder Bronze ausführen; er kann Edelsteine schneiden und fassen und Holz kunstvoll bearbeiten; in jeder künstlerischen Technik ist er erfahren“*). Der Geist kommt über einen gewöhnlichen Mann wie Gideon, wodurch er zu einem mächtigen Kämpfer und Retter seines Volkes wird (Richter 6ff). Der Geist kommt über Simson und macht ihn zum stärksten Mann der Welt (Richter 13ff). Aber am deutlichsten zeigt sich sein Wirken in den Propheten, die der Geist Gottes dazu befähigt und treibt, Gottes Worte zum Volk Israel zu reden.

Es gab jedoch im Hinblick auf den Heiligen Geist im Alten Testament drei große Einschränkungen. Erstens, der Geist wird als bloße Kraft wahrgenommen: Er hat nichts Personales an sich. Zweitens, der Geist ist nicht für Hinz und Kunz da. Er ist also nicht für jeden da, sondern nur für ganz besondere Menschen, die von Gott erwählt sind, wie etwa Könige oder Propheten. Und drittens, es gibt in den alttestamentlichen Zeiten nichts notwendigerweise Dauerhaftes, wenn es um die „Begabung" mit dem Geist Gottes geht. Der Geist konnte einer Person auch wieder entzogen werden, wenn diese ungehorsam war, wie es bei König Saul oder Simson der Fall war.

Das waren die Einschränkungen, aber die Hoffnungen waren groß, insbesondere in den prophetischen Büchern von Hesekiel und Jeremia. Sie hielten nach jemandem Ausschau, der aus dem königlichen Stamm Davids *entspringen* würde, auch wenn diese Erwartungen, so scheint es, durch Exil, Versagen und Tod fast schon zunichte gemacht worden waren.

„Ein Spross wächst aus dem Baumstumpf Isai, ein neuer Trieb schießt hervor aus seinen Wurzeln. Ihn wird der HERR mit seinem Geist erfüllen, dem Geist, der Weisheit und Einsicht gibt, der sich zeigt in kluger Planung und in Stärke, in Erkenntnis und Ehrfurcht vor dem HERRN" (Jesaja 11,1-2).

Sie sehnten sich auch nach dem Tag, an dem der Geist Gottes allgemein bzw. seinem ganzen Volk zur Verfügung stehen würde. Dies sollte sich mit dem neuen und ewigen Bund Gottes mit der Menschheit ereignen. So hatte Hesekiel 600 Jahre vor Jesus prophezeit:

„Dort besprenge ich euch mit reinem Wasser und wasche den ganzen Schmutz ab, der durch den Umgang mit euren Götzen an euch haftet. Ich gebe euch ein neues Herz und einen neuen Geist. Ich nehme das versteinerte Herz aus eurer Brust und schenke euch ein Herz, das lebt. Ich erfülle euch mit meinem Geist und mache aus euch Menschen, die nach meinen Ordnungen leben, die auf meine Gebote achten und sie befolgen ... Ihr werdet mein Volk sein und ich werde euer Gott sein" (Ezechiël 36,25-28).

Jeremia, der etwa zur gleichen Zeit lebte, hatte eine ähnliche Botschaft:

„Der neue Bund, den ich dann mit dem Volk Israel schließen will, wird völlig anders sein: Ich werde ihnen mein Gesetz nicht auf Steintafeln, sondern in Herz und Gewissen schreiben. Ich werde ihr Gott sein und sie werden mein Volk sein", sagt der Herr. „Niemand muss dann noch seinen Nachbarn belehren oder zu seinem Bruder sagen: ‚Lerne den Herrn kennen!' Denn alle werden dann wissen, wer ich bin, von den Geringsten bis zu den Vornehmsten. Das sage ich, der Herr. Ich will ihnen ihren Ungehorsam vergeben und nie mehr an ihre Schuld denken" (Jeremia 31,33-34).

Das haut den stärksten Mann um! In Gottes Volk sollten, ja würden alle seinen Geist empfangen. Anstelle der steinernen Gesetzestafeln hätten sie seine Gebote durch den Heiligen Geist internalisiert, d. h. verinnerlicht. Und nicht nur die Großen des Volkes würden den Herrn erfahren, nein, sie würden ihn alle erfahren. Anstelle der Opferriten, durch die die Sünde jedes Jahr zwar zu Bewusstsein gebracht, aber nicht vergeben wurde, würden ihre Sünden schließlich alle ausnahmslos und ein für alle Mal vergeben sein! Eine grandiose Verheißung! Da geht es um eine persönliche Beziehung zu Gott, um wahre Vergebung und Gottes Geist, der in ihnen lebt, um sie in ihrer moralischen Entscheidungsfindung zu führen und zu leiten, damit sie wirklich Gott gefallen konnten.

Das alles steht hinter Jesu Verheißung an seine Jünger an dem Abend vor seiner Verhaftung. Er selbst war die Erfüllung der sehnlichen Erwartung Jesajas. Er war ein Nachkomme Davids, ein Spross aus dem königlichen Baum. Alle Evangelienschreiber sprechen von dem Geist Gottes, der bei seiner Taufe im Jordan über Jesus gekommen ist und (als dauerhaftes Geschenk) während seines gesamten Dienstes auf ihm ruhte, sodass seine Lehre, seine Wunder und seine Dämonenaustreibungen alle das Werk des in ihm wohnenden Geistes waren. Und nun, beim gemeinsamen Abendessen, sagt Jesus das seinen niedergeschlagenen Jüngern, die ganz verzweifelt waren, weil sie wussten, dass er sterben sollte, dass sich die große Zeit, die von den Propheten Jeremia und Hesekiel vorausgesagt worden war, vor ihren Augen erfüllte. Durch seinen Tod und seine Auferstehung würde der Geist Gottes, der ja Jesus selbst erfüllte, im Leben all seiner Nachfolger zur Entfaltung kommen. Und der Geist würde nicht länger etwas Unpersönliches sein, sondern für immer die Wesensart Jesu widerspiegeln. Der Geist würde nicht länger nur als bloße Kraft erfahrbar sein, sondern als Person: nicht länger ein *es* sein, sondern ein *er*! Und der Geist würde nicht länger nur für die wenigen Auserwählten, sondern für alle Gläubigen verfügbar sein. Er würde der Gegenwart Jesu in dieser Welt eine universelle Dimension geben: Er wäre selbst bei denen, die ihn nie persönlich gesehen haben oder die vielleicht erst Jahrhunderte später lebten, damit auch sie ihn kennen und sich der Gemeinschaft mit ihm erfreuen konnten – genau wie es Jesu Zeitgenossen selbst getan hatten. Und was vielleicht das Beste an der ganzen Sache ist: Es würde keine Gefahr bestehen, dass der Geist heute da sein und morgen von einem genommen würde, denn er wäre im dauerhaften *Besitz* des Glaubenden – als Unterpfand bzw. Zeichen der Vergebung, der Kraft und der Erkenntnis Gottes.

Ich glaube wohl nicht, dass die Jünger all das bereits verstanden, als sie am letzten Abend mit Jesus das Abschiedsmahl feierten. Aber schon bald wurde es für sie zur glorreichen Gewissheit. Wie wir bereits im vorangegangenen Kapitel gesehen haben, so wurde Jesus am ersten Ostertag von den Toten auferweckt und kehrte schon bald – nachdem sein Auftrag auf der Erde erfüllt war – zu seinem Vater in den Himmel zurück. Seine letzte Tat auf Erden war, sein Versprechen zu wiederholen, dass der Geist zu ihnen kommen und sie dazu befähigen würde, das Evangelium weltweit zu verkünden:

„Aber ihr werdet mit dem Heiligen Geist erfüllt werden, und dieser Geist wird euch die Kraft geben, überall als meine Zeugen aufzutreten: in Jerusalem, in ganz Judäa und Samarien und bis ans äußerste Ende der Erde" (Apostelgeschichte 1,8).

Jesus identifizierte den Geist eindeutig mit sich selbst, so wie er geistlich erfahrbar war, denn in seiner Abschiedsrede heißt es: *„Und das sollt ihr wissen: Ich bin immer bei euch, jeden Tag bis zum Ende der Welt"* (Matthäus 28,20).

Zu welcher Schlussfolgerung führt uns das? Der Jesus, auf den der Prophet Jesaja weit im Voraus verwiesen hatte, war tatsächlich mit Gottes Heiligem Geist erfüllt. Und nun verspricht dieser Jesus die Gegenwart dieses gleichen Heiligen Geistes den Jüngern, die ihn in ihrem eigenen Leben erfahren sollten, nachdem Jesus zum Vater zurückgegangen war. Der Geist würde ihnen Jesus als Realität vor Augen stellen, würde ihn ihnen lebendig machen und sie dazu befähigen, dass sie ihn persönlich kennen lernen konnten, dass sie seine tägliche Vergebung erfuhren und seine Kraft für ihre Mission der Weltevangelisation erlebten. Was im Alten Testament vorhergesagt worden war, hatte sich in großartiger Weise erfüllt. Die Jünger waren außer Rand und Band angesichts dessen, was sich nun vor ihren Augen abspielte. „*Christus in euch, die Hoffnung der Herrlichkeit*", so beschwört es der Apostel Paulus (Kolosser 1,27, Luther). „*Wer diesen Geist – den Geist von Christus – nicht hat, gehört auch nicht zu ihm*" (Römer 8,9).

Es gibt noch mehr im Neuen Testament, was auch in diese Richtung zielt. Wissen Sie, was damit gemeint ist? Dass das Geheimnis, überhaupt ein Christ zu sein, darin liegt, den Geist Jesu Christi in Herz und Leben aufgenommen zu haben! Es geht nicht nur darum, einer ausgezeichneten Lehre zu folgen, wie das bei anderen Religionen der Fall ist, sondern den innewohnenden Christus willkommen zu heißen! Das ist so ganz anders als alle anderen Glaubensgebäude, die die Welt je gesehen hat! Die ganze frühchristliche Kirche war überwältigt von diesem Privileg. Sie wuchs rasch zu einer Gemeinschaft des Heiligen Geistes. Und die Apostelgeschichte berichtet davon, wie die Urgemeinde am Pfingsttag den Geist empfing und fährt anschließend mit der Beschreibung ihrer dynamischen Mission auf der ganzen alten Welt fort.

Insbesondere der Heilige Geist, der in ihnen lebte, machte einen ungeheuren Unterschied auf dem Gebiet von Sitte, Moral und Lebensstil. Erinnern wir uns nochmals an Jeremias Prophezeiung, dass das Gesetz Gottes im Gläubigen verinnerlicht werden würde, dass es in ihm wohnen würde! Nun, es fand statt! Anstelle von „*Zorn und Aufbrausen, Boshaftigkeit, Beleidigung und Verleumdung*" (Kolosser 3,8), die zu ihren vorchristlichen Tagen gehörten, wie Paulus seinen Lesern in Kolossä offen erklärt, haben sie jetzt wie eine wunderhübsche saubere Kleidung die neue Natur des in ihnen wohnenden Christus angenommen. Da gibt es nun nicht länger irgendwelche Vorurteile untereinander auf Grund von Rasse, Klasse oder Religionszugehörigkeit. Christus ist alles für sie und in allem, was sie tun. So haben sie als Gottes Heilige (oder vielmehr Abgesonderte) ein neues Wesen angenommen:

„Darum zieht nun wie eine neue Bekleidung alles an, was den neuen Menschen ausmacht: herzliches Erbarmen, Freundlichkeit, Bescheidenheit, Milde, Geduld. Ertragt einander! Seid nicht nachtragend, wenn euch jemand unrecht getan hat, sondern vergebt einander, so wie der Herr euch vergeben hat" (Kolosser 3,12-13).

Sie müssen also einander *vergeben*, wie ihnen selbst vergeben wurde. Und vor allen Dingen müssen sie die *Liebe* anziehen und müssen es dem *Frieden* Christi gestatten, in ihrem Herzen zu wohnen. Dazu sind sie berufen:

„Und über alles zieht die Liebe an, die alles andere in sich umfasst. Sie ist das Band, das euch zu vollkommener Einheit zusammenschließt. Der Frieden, den Christus schenkt, muss euer ganzes Denken und Tun bestimmen. In diesen Frieden hat Gott euch alle miteinander gerufen" (Kolosser 3,14-15).

Von diesem Zeitpunkt an müssen sie Gott ihre Dankbarkeit zeigen und das Wort Christi reichlich unter sich wohnen lassen (*„Gebt dem Wort Raum, in dem Christus bei euch gegenwärtig ist. Lasst es seinen ganzen Reichtum unter euch entfalten"*, Kolosser 3, 16). Sie müssen einander unterweisen und ermahnen mit aller Weisheit, müssen Psalmen, Hymnen und Loblieder singen – mit Dankbarkeit in ihren Herzen gegenüber Gott (ebenfalls Vers 16). Und alles, was sie mit *„Worten oder mit Werken"*

(Vers 17 [Luther]) tun, das müssen sie im Namen des Herrn Jesus tun und Gott, dem Vater, danken durch ihn (Vers 17).

Was für eine wunderbare Verwandlung Paulus hier vorwegnimmt – selbst in diesen kolossäischen Christen, denen er noch nie begegnet war. Und genau das ist die Lebensqualität, die die Welt des Altertums so erstaunte, ja so faszinierte und dazu führte, dass der neue Glaube der jungen Christenheit einen solch immensen Einfluss hatte. Sie machten sich daran, dem Beispiel Jesu zu folgen und ihm in allem zu gefallen. Sie taten dies in der Stärke, die der Heilige Geist ihnen gab. Es war so, als ob Jesus sein Leben neu in und durch sie leben würde. Das war und bleibt das Kernstück christlicher Moral und Ethik. Hier geht es nicht darum, ein Regelwerk zu befolgen, sondern eine Person zu lieben und ihr zu gefallen und in seiner Kraft die niedrigen Instinkte der menschlichen Natur zu überwinden und die Liebe Christi an andere zu verströmen.

Hinter der Morallehre des Neuen Testamentes steht das Beispiel Christi und die Befähigung durch seinen Geist. Hören wir uns an, was Paulus den Philippern aus dem Gefängnis zu schreiben hat:

„Ich habe es gelernt, in jeder Lage zufrieden zu sein. Ich kann arm sein und kann auch aus dem vollen leben. Ich bin mit allen Verhältnissen vertraut, ob ich nun satt bin oder hungere, ob ich viel habe oder wenig. Alles vermag ich durch den, der mich stark macht [Christus]" (Philipper 4,11-13 [Bruns]).

Er ist allem gewachsen, weil die Kraft des lebendigen Christus in ihm wohnt. Das ist ein wahrhaft bemerkenswerter Kontrast zu dem ethischen System jeder anderen Glaubensrichtung.

Die Christen verhielten sich nicht etwa so wie der Buddhismus mit seinem Gesetzesbuch oder wie der Islam mit seiner bestimmten Ordnung an festgelegten Verboten, dem *Haram*[16]. Sie hatten kein Regelwerk, kein *Sharia*-Gesetz[17], das für Ehebruch die Steinigung und für Diebstahl die Amputation der Hand fordert. Stattdessen bemühten sie sich, dem Beispiel des einzig perfekten Menschen zu folgen, der je gelebt hatte, Jesus Christus, und sich diesem in der Kraft seines Geistes anzunähern. Deshalb gestatteten sie auch nicht, dass einer vier Frauen und zahlreiche Nebenfrauen hatte, wie Mohammed das später tat (vgl. Sure 4,3). Jesus hatte ihnen die Bedeutung einer Beziehung von einem Mann mit einer Frau aufgezeigt, so wie Gott es von Anfang an geplant hatte (1. Mose 2,24: *„Deshalb verlässt ein Mann Vater und Mutter, um mit seiner Frau zu leben. Die zwei sind dann eins, mit Leib und Seele"*). Darum versuchten sie auch nicht, ihre Sache durch Waffengewalt zu betreiben wie der militante Islam, der derzeit die Christen in 32 Ländern der Erde verfolgt: Jesus lehnte es ab, zum Schwert zu greifen, und das taten auch seine Jünger. Deshalb töteten sie auch nicht die Abtrünnigen bzw. *Apostaten*, wie Mohammed es später lehrte und wie dies heute noch in einigen islamischen Ländern wie Saudi-Arabien, Iran und Sudan der Fall ist. Jesus hat noch nicht einmal Judas Schaden zugefügt, der ihn schließlich verraten hatte. Und so haben sie auch nicht die Menschen nach Rangordnung oder Kaste kategorisiert wie der Hinduismus und diese etwa in eine große Vielzahl an Sklaven und *Dalit* (*Unberührbare*) eingeteilt, die in der Hierarchie ganz unten angesiedelt sind. Jesus behandelte alle Leute mit gleichbleibender Liebe und Respekt. Die christliche Moral richtete sich und richtet sich noch immer an dem Vorbild und Wesen von Jesus aus. Sie ist keine Rechtsverordnung, sondern stellt den Versuch dar, dem Einen zu gefallen, den wir lieben. Der Heilige Geist befähigt uns dabei zusehends, genau das zu tun, wenn wir ihm vertrauen.

Leider versäumen es die Christen jedoch häufig, auf den Geist und seine Stärke zu bauen, und daraus resultieren dann gewaltige moralische Verfehlungen. Aber diese sind als solche nicht aus der christlichen Offenbarung abzuleiten, wie etwa beispielsweise das Abschlachten von Ungläubigen oder die Unterlegenheit der Frau gegenüber dem Manne im Koran festgeschrieben sind. Dort lesen wir zum Umgang mit Ungläubigen: „... erschlaget die Götzendiener, wo ihr sie findet, und packet sie und belagert sie ..." (Sure 9,5); „... streite wider die Ungläubigen und Heuchler und verfahre hart mit ihnen" (Sure 9,74). Zum Thema Frauen finden wir: „Die Männer sind den Weibern überlegen wegen dessen, was Allah den einen vor den andern gegeben hat" (Sure 4,38); „so nehmet euch zu Weibern, die euch gut dünken, (nur) zwei oder drei oder vier; und so ihr (auch dann) fürchtet, nicht billig zu sein, heiratet nur eine oder was eure Rechte (als Sklavinnen) besitzt" (Sure 4,3). Die *Sharia* (das religiöse Gesetz)[17] gesteht Frauen in puncto Zeugnisaussage und Entschädigung nur den halben Wert des Mannes zu.

Wenn hingegen Christen eine Verfehlung oder etwas Unrechtes begehen, finden sie hierfür im Neuen Testament keine Anordnung, so etwas zu tun. Nein, ihr falsches Tun entspringt vielmehr ihrem persönlichen Versagen, dem Beispiel Jesu zu folgen und sich von seinem Wort, der Heiligen Schrift, leiten zu lassen. Das große Ziel christlicher Ethik und das souveräne Werk des Geistes des in uns wohnenden Jesus besteht darin, den Gläubigen seinem Herrn immer ähnlicher werden zu lassen. Er möchte, dass wir verändert werden, dass wir von einer Stufe der Herrlichkeit zur anderen verwandelt werden: *„... wir werden verklärt in sein Bild von einer Herrlichkeit zur andern von dem Herrn, der der Geist ist"* (2. Korinther 3,18). Und am wichtigsten ist, dass unser Leben durch die Liebe regiert wird. Paulus entwirft in jener grandiosen Hymne auf die Liebe in 1. Korinther 13 das Idealbild für den Glaubenden:

„Die Liebe ist geduldig und gütig. Die Liebe eifert nicht für den eigenen Standpunkt, sie prahlt nicht und spielt sich nicht auf. Die Liebe nimmt sich keine Freiheiten heraus, sie sucht nicht den eigenen Vorteil. Sie lässt sich nicht zum Zorn reizen und trägt das Böse nicht nach. Sie ist nicht schadenfroh, wenn anderen Unrecht geschieht, sondern freut sich mit, wenn jemand das Rechte tut" (Verse 4-6).

Die Herausforderung dieser sagenhaften Ethik versteht jedoch nur der, der den Namen „Jesus" anstelle des Wortes „Liebe" einfügt. Leider ist nun Michael Green nicht immer geduldig und freundlich. Er ist oftmals neidisch und prahlerisch. Aber Jesus ist das nicht! Jesus ist niemals gereizt oder erbittert, arrogant oder grob. Und je länger Jesus durch seine Gegenwart in uns an uns Christen wirkt, desto mehr beginnen wir, seine Wesensart widerzuspiegeln. Das braucht Zeit, genauso wie es Michelangelo Zeit gekostet hat, einen Block aus rohem Marmor in eine kunstvolle Statue wie den „David" zu verwandeln. So wird auch der Christus in uns weiterhin an uns arbeiten, hier und dort Kanten abschleifen, um ein ähnliches Ergebnis hervorzubringen. Es gibt nur einen Lehrer auf der ganzen Welt, der ein solches Angebot macht, indem er Wohnung in seinen Jüngern nimmt. Und das ist Jesus!

Stellen wir uns einigen kniffligen Fragen!

Lassen Sie uns noch mal zusammenfassen, was wir bis jetzt erarbeitet haben. Wir haben gesehen, wie haarsträubend es ist zu behaupten, dass es nicht so sehr darauf ankommt, was man glaubt, solange man es ehrlich meint. Generell hängt unser Tun in einer jeweiligen Sache aber in entscheidendem Maße davon ab, was wir glauben bzw. was wir davon halten. Ebenso ist es etwas hirnrissig zu denken, dass alle Religionen auf das Gleiche hinauslaufen würden. Sie sind in ihrer Vorstellung von Gott, dem Menschen, der Erlösung und ihrer Konzeption von einem zukünftigen Leben äußerst verschieden. Genauso wenig intelligent ist es zu behaupten, dass alle Religionen zu Gott führen. Zum einen verstehen nämlich die Religionen recht unterschiedliche Dinge unter dem Begriff *Gott* und zum anderen haben sie auch ganz unterschiedliche Vorstellungen davon, wie man zu Gott kommen kann. Deshalb haben wir uns zunächst damit befasst, was Jesus Christus im Besonderen so auszeichnet. Grundsätzlich ist dabei festzustellen, dass die Religionen im Allgemeinen versuchen, einen Weg des Menschen zu Gott zu finden, wohingegen das Christentum in seinem eigentlichen Kern davon ausgeht, dass dies nicht zu schaffen ist und dass Gott in seiner Hochherzigkeit in der Person Jesu Christi zu uns Männern und Frauen herabgekommen ist. Mit einem Wort: Das Christentum ist überhaupt keine Religion, sondern eine Offenbarung und ein Rettungswerk Gottes und eine daraus resultierende Beziehung zu Gott durch Jesus Christus.

Daraufhin haben wir uns der Frage zugewandt, was Jesus denn vor anderen großen Religionsführern so auszeichnete. Wir haben dabei entdeckt, dass er allein Gott in unser Lebensumfeld hineinbrachte. Er allein stellte sich radikal der Frage nach der menschlichen Boshaftigkeit. Er allein zerbrach die Grenze des Todes und von allen Religionsführern bietet er allein an, im Herzen und Leben der Glaubenden Wohnung zu nehmen. Somit bietet er sich nicht nur als Vorbild an, dem es beispielhaft zu folgen gilt, sondern gibt auch die nötige Kraft, dieses zu bewerkstelligen, indem er etwas von seinem eigenen Leben in und durch uns auslebt.

An diesem Punkt können vielleicht einige Fragen bei uns auftauchen, über die wir uns Gedanken machen.

Erstens, *gibt es einen gemeinsamen Nenner, auf den sich alle Religionen verständigen können?* Ja, das gibt es. Fast alle Religionen glauben an ein höheres Wesen, das wir der Einfachheit halber Gott nennen können. Nahezu glauben alle Religionen an eine grundlegende Moralauffassung – nur einige wenige befürworten Mord, Ehebruch oder Gewalt, wenn auch sehr wenige, wie etwa die kannibalischen Sawi-Stammesleute[18] Neuguineas vor ihrer Lebenshinwendung zu Gott Mord und Verrat verherrlichten. Und alle Religionen wenden den Blick des Menschen weg von seinen eigenen selbstsüchtigen Belangen hin zu einem größeren Ideal. Aber das ist auch schon fast alles, was über mögliche Gemeinsamkeiten gesagt werden kann. In jeder anderen Hinsicht sind sie extrem unterschiedlich, wie wir bereits festgestellt haben.

Zweitens, *wenn die christliche Berichterstattung wahr ist, wie sollten sich Christen dann anderen Religionsangehörigen gegenüber verhalten?* In der Vergangenheit hat es schon schreckliche Fehler auf diesem Gebiet gegeben. Christen haben sich gegenüber Juden und Moslems mitunter in verabscheuenswerter Weise verhalten und zuweilen auch gegenüber Hindus, insbesondere in Zeiten, als die Briten in Indien an der Macht waren. Aber selbstverständlich waren Grausamkeit und Barbarei von der Haltung Jesu weit entfernt und sollten deshalb auch seinen Nachfolgern fremd sein. Jesus verkündete allen gegenüber seine Nächstenliebe. Er lehrte, dass wir die zweite Meile gehen sollten, um anderen Menschen zu dienen, die nicht so denken wie wir. Und er brachte uns bei, diejenigen zu segnen, die uns verfolgen, und denen Gutes zu tun, die uns unfair behandeln. Wenn Christen ihrer Berufung treu sind, sollten sie den anderen Menschen (seien es Atheisten, Agnostiker oder Angehörige einer anderen Glaubensrichtung) die gleiche Qualität an Liebe gegenüber an den Tag legen, die Gott in seiner Gnade und Geduld auch ihnen hat zukommen lassen. Das ist die Quintessenz. Darum geht es letztendlich. Alles, was darunter ist, ist Versagen, ist Sünde.

Darüber hinaus gibt es viele Möglichkeiten, bei denen sich Christen und Leute anderer Religionszugehörigkeit zusammenschließen können, um einer gemeinsamen Sache wie Gerechtigkeit und Friedenserhaltung, Moral und soziale Fürsorge zum Wohle des Gemeinwesens zu dienen – und dies in gegenseitigem Respekt und gegenseitiger Partnerschaft. Das erfordert von den Beteiligten in der religiösen Anschauungsweise keine Kompromisse.

Daraus erwächst eine weitere und sogar noch heiklere Frage: *Wie sollten sich Christen anderen Religionen gegenüber verhalten?* Was diese Frage angeht, so haben sich in christlichen Kreisen drei Hauptpositionen herauskristallisiert.

Erstens, es gibt einige Christen, die in anderen Glaubensauffassungen so etwas wie „einen vorbereiteten Boden für das Evangelium" sehen. In der Vergangenheit haben Christen das Gedankengut griechischer Philosophen und römischer Dichter dankbar aufgegriffen, da sie in deren Lehre gewisse Aspekte und Parallelen sahen, die auf Christus hindeuteten. Warum sollten die Christen unserer Tage nicht auch mehr über das Gemeindeleben unter dem Gott der Juden, die Hingabe an Gott der Moslems oder Hindus, die Friedfertigkeit und Loslösung von den Leidenschaften der Buddhisten, die Heiligkeit des Lebens der Animisten und eine gute Ethik der Humanisten lernen? Schließlich glaubt doch ein Christ, dass alles Gute – egal, wo es zu finden ist – letzten Endes von Gott kommt. Und so ist es durchaus möglich, eine solch positive Einschätzung einiger Aspekte anderer Glaubensrichtungen zu haben und zugleich die Sichtweise des Neuen Testamentes beizubehalten, nach der das vollkommene Licht in Christus allein angebrochen und die Erlösung in Christus allein gegeben ist, der für die gestorben ist, *„die fern waren"* ebenso wie für die, *„die nahe waren"* (Epheser 2,17).

Daneben tendiert jedoch eine andere Richtung christlicher Lehrmeinungen dahin, alle nichtchristlichen Religionen als gefährlich einzuschätzen. Ihrer Meinung nach sind diese dafür offen, von spirituellen Kräften infiltriert zu werden, die nicht von Gott kommen, oder von satanischen Einflüssen, die die Menschen verführen und in die Irre leiten. Diese Einstellung ist vermutlich nicht ganz so extrem, wie sie sich anhört. Bischof Lesslie Newbigin (1909-1998)[19], Missionar in Indien und später in der westlichen Welt, der mehr über andere Religionen wusste, als irgendjemand sonst, schrieb ein faszinierendes Buch mit dem Titel: *The Finality of Christ*. Darin stellt er zunächst fest, dass sich das Dämonische am meisten auf dem Gebiet der Religion manifestiert und er kommentiert, mit welcher Sorgfalt sich die Konvertierten aus eben demselben Grund von ihren angestammten Praktiken entfernen. Des Weiteren schreibt er:

„Genau am Punkt höchster ethischer und geistlicher Errungenschaften werden die Religionen bedroht und gegen das Evangelium aufgebracht. Es waren die Hüter von Gottes Offenbarung, die den Sohn Gottes kreuzigten. Es sind die Edelsten unter den Hindus, die am energischsten das Evangelium ablehnen. Es sind die, die sagen „wir sehen“, die am stärksten das Licht ausblenden.“

Eine dritte christliche Sichtweise anderen Glaubensrichtungen gegenüber besteht nicht so sehr darin, in ihnen eine Vorbereitung auf das Evangelium oder eine Propaganda des Teufels zu sehen, sondern sie für Bestrebungen des menschlichen Geistes zu halten. Dabei wird der Buddhismus beispielsweise als edles Streben des menschlichen Geistes gesehen, um dem Leiden zu wehren, während der Animismus darauf abzielt, die gefürchteten Kräfte böser Geister zu beschwichtigen. Darin liegt mit Sicherheit ein Körnchen Wahrheit. Aber die Aussage ist unzureichend und unzutreffend, weil sie dem Element natürlicher Offenbarung in anderen Religionen nicht Rechnung trägt. Gott hat jedoch, wie Paulus in seiner Rede vor den Athenern betont, gewollt, dass alle Menschen *„ihn suchen, damit sie ihn vielleicht ertasten und finden könnten. Durch ihn leben wir doch, regen wir uns, sind wir!“* (Apostelgeschichte 17,27-28). Paulus zitiert wohl wollend den heidnischen Dichter Aratus: *„Wir sind seines Geschlechts“* (Vers 28 [Bruns]). Des Weiteren sind menschliches Gewissen und Moral ein Teil seiner Offenbarung, denn:

„Auch wenn die anderen Völker das Gesetz Gottes nicht haben, gibt es unter ihnen doch Menschen, die aus natürlichem Empfinden heraus tun, was das Gesetz verlangt. Ohne das Gesetz zu kennen, tragen sie es also in sich selbst. Ihr Verhalten beweist, dass ihnen die Forderungen des Gesetzes ins Herz geschrieben sind, und das zeigt sich

auch an der Stimme ihres Gewissens und an den Gedanken, die sich gegenseitig anklagen oder auch verteidigen" (Römer 2,14-16).

Somit wäre es also für Christen irreführend, in anderen Religionen lediglich ein menschliches Streben nach Gott zu sehen. Wie dem auch sei, sind wir Menschen insgesamt betrachtet keine aufrichtigen Sucher nach Gott. Wir tun unser Bestes, um ihm aus dem Weg zu gehen, und sind erstaunt (und bedroht), wenn es uns dämmert, dass Gott eigentlich auf der Suche nach uns ist!

Wahrscheinlich ist es am besten, nichtchristliche Religionen als eine Art Quilt zu sehen, der sich aus vielen Patchwork-Teilen zusammensetzt. Sie enthalten Teile der Wahrheit, die von Gott selbst stammen müssen, aber auch Elemente, die definitiv falsch sind und wahrscheinlich vom „Vater der Lügen" stammen, dessen groß angelegtes Ziel es ist, die Menschheit vom Retter fern zu halten. Daneben enthalten andere Religionen zweifellos auch Elemente menschlichen Strebens nach Gott.

Aber wie verhält es sich mit den Menschen, die sich der Botschaft des Evangeliums nicht anschließen? Auch hier gibt es wieder eine beträchtliche Meinungsvielfalt unter den Christen. Glücklicherweise steht es uns nicht zu, darüber zu befinden, ja, Jesus hat es sogar ausdrücklich verboten: *„Verurteilt nicht andere, damit Gott nicht euch verurteilt!"* (Matthäus 7,1). Jesus hat seine Zuhörer daran erinnert, dass es Gottes Sache ist, zu richten, denn er wird es in voller Kenntnis unserer Lebensumstände und mit großer Umsicht tun. Mit diesem Wissen im Hinterkopf haben die Christen dazu tendiert, sich drei verschiedenen Meinungsbildern anzuschließen. Alle drei sind, wie ich meine, unzulänglich:

Erstens, gibt es die Sichtweise eines gewissen Universalismuses, die Ansicht, dass jeder „gerettet" wird oder in den Himmel kommt, ob er es nun will oder nicht. Auch wenn wir das alle gerne hätten, lehnt die Bibel diese Vorstellung doch kategorisch ab. Und letztendlich ist sie auch unlogisch. Würden sich Hitler und Pol Pot im Himmel überhaupt wohl fühlen? Wird Gott seine Wohnung mit Leuten füllen, die keine Zeit für ihn haben und auch nicht den leisesten Wunsch verspüren, auf ewig mit ihm zu leben? Nein. Jesus machte es unmissverständlich klar, dass wir alle das Recht und die Möglichkeit haben zu wählen. Und er hat auch unmissverständlich darauf hingewiesen, dass wir mit den Entscheidungen, die wir einmal getroffen haben, leben müssen. So lesen wir, dass am Tag des Gerichts die Schafe von den Böcken getrennt werden (Matthäus 25,32-33), dass es eine breite Straße gibt, die zum Verderben führt, und einen schmalen Weg, der zum Leben führt, (Matthäus 7,13-14) und dass es Weizen gibt, der in Gottes Scheune gesammelt wird, und Unkraut, das verbrannt wird (Matthäus 13,24ff). Und so weiter. Immer sind da zwei Wege, zwei Zielvorgaben. Immer eine Entscheidungsmöglichkeit.

Die zweite Sichtweise geht von immer währenden, nicht enden wollenden Qualen für alle jene aus, die keine Christen sind. Es gibt viele Christen, die sich dieser Meinung angeschlossen haben, aber ich bezweifle, dass sie aus der Bibel abzuleiten ist. Sicher, die Bibel spricht ganz offen und direkt von der Hölle und niemand tut dies unmissverständlicher als Jesus. Er warnt vor der *„Hölle“*, *„wo die Qual nicht aufhört und das Feuer nicht ausgeht“* (Markus 9,48 [Gute Nachricht]), *„wo ihr Wurm nicht stirbt und das Feuer nicht verlöscht“* ([Luther]), aber das scheint vielmehr eine Metapher zu sein für eine städtische Müllhalde, wo es immer Würmer gab und das Feuer immer schwelte. Das war vielmehr ein Bild für die letztendliche Zerstörung bzw. das Verderben und nicht für die gezielten nicht enden wollenden Qualen. In der Bibel wird in Bezug auf die endgültige Verlorenheit des Menschen meistens die Sprache des „Verderbens“, der Zerstörung benutzt. Wir haben alle die Wahl zwischen dem Leben in der Zukunft – oder der Vernichtung in der Zukunft. Es gibt zwar eine Stelle im Neuen Testament, die von einem *„See voller Feuer“* (Offenbarung 19,20 [Hoffnung für alle]) spricht, aber dieser ist nicht für die Menschen gedacht, sondern für die Mächte des Bösen, die ausgelöscht werden. Christen sollten die Vorstellung von gezielten, nie enden wollenden Qualen genauso vehement ablehnen, wie sie die eines Universalismus ablehnen sollten.

Eine dritte Sichtweise, die in einigen christlichen Kreisen kursiert, ist die, dass Nichtchristen von Gott nach ihren Taten beurteilt und gerichtet werden. Die Bibel macht jedoch immer wieder deutlich, dass niemand auf Grund seiner guten Werke gerettet wird. Zum einen können diese Taten nie für den heiligen Gott gut genug sein; und zum anderen ist die ganze Vorstellung, eine Beziehung auf Grund von Verdiensten eingehen zu können, abstoßend. Das ist fast so, wie wenn Ihr Kind regelmäßig die Teller abwaschen und die Betten machen, aber nie seine Liebe zu Ihnen zum Ausdruck bringen oder gar mit Ihnen reden würde. Würde das Ihr väterliches oder mütterliches Herz zufrieden stellen?

Keine dieser verkehrten Vorstellungen kommt an die Größe des christlichen Evangeliums heran! Im Wesentlichen geht es dabei um Folgendes: Keiner verdient es, von Gott angenommen zu sein. Aber Gott in seiner großen Barmherzigkeit hat für diejenigen, die ihm vertrauen, insofern Vorkehrungen getroffen, dass sie allein auf Grund seiner unverdienten Großzügigkeit Annahme finden. Er selbst hat die Last unserer Boshaftigkeit weggenommen – indem er sich selbst am Kreuz für uns gegeben hat. Und darum ist es ihm in seiner vollkommenen Gerechtigkeit möglich, uns zu vergeben und uns vor ihm als rechtschaffen zu erklären ... wenn wir ihn demütig darum bitten! Super! Und diejenigen, die nicht auf das Evangelium, die gute Botschaft, reagieren, verpassen diese fantastische Beziehung zu Gott, diese einzigartige Sache, für die sie geschaffen wurden. Traurigerweise verpassen sie sie für immer!

Was ist mit denen, die nie von Jesus gehört haben? Wie ergeht es ihnen? Auch hier gilt: Es steht uns nicht an, zu richten. Jesus hat uns befohlen, solche Beurteilungen allein Gott zu überlassen, der ebenso fair und gerecht wie auch ohne Ende liebevoll sein wird. Was wir haben, ist vielleicht eine Ahnung, wie Gott vermutlich verfahren könnte. Denken wir nur einmal an all die Glaubenden des Alten Testamentes: an Männer wie David und Jesaja, Mose und Jeremia. Man muss sich nur ihre Lebensgeschichte genauer anschauen, dann stellt man fest, dass diese Gott genauso innig kannten wie wir heute. Wie kann es dann sein, dass Jesus bei ihnen allen so eine zentrale Bedeutung hatte? Sie haben doch nie von ihm gehört!

Der große christliche Theologe und Apostel, Paulus, hat in der Tat genau mit dieser Frage gerungen. Und im Römerbrief, Kapitel 3 und 4, gibt er uns darauf eine brillante Antwort. In seinem göttlichen Versöhnungsakt am Kreuz hat Gott zwei Dinge klar gemacht: Erstens, dass er absolut gerecht war und ist – so gerecht, dass er nicht behaupten kann, dass die Sünde nicht zählt. Aber gleichzeitig gilt: *„Er ... schafft selber die von den Menschen schuldig gebliebene Gerechtigkeit, und das für alle, die einzig und allein auf das vertrauen, was er durch Jesus getan hat"* (Römer 3,26). Und Paulus führt dies in den darauf folgenden Versen noch aus, um Klarheit darüber zu schaffen, dass die großen Männer und Frauen des Glaubens im Alten Testament genau auf diese Art und Weise *gerechtfertigt* wurden. Sie wurden einzig und allein deshalb von Gott angenommen, weil sie ihr ganzes Vertrauen in ihn, den Herrn, setzten. Sie verstanden zwar nicht, wie er sie annehmen konnte, so unvollkommen wie sie waren, aber sie vertrauten einfach Gott, dass er einen Weg finden würde. Und Paulus erkannte, dass das Kreuz in seiner Wirksamkeit sowohl *retrospektiv* war als auch *prospektiv* für diejenigen, die danach lebten. Er erkannte, dass Gott David und Abraham und auch andere auf der Grundlage dessen annahm, was Christus später *noch tun sollte*, als er am Kreuz die Sünden der Welt auf sich lud. Und so kann Gott auch Leute wie dich und mich annehmen auf Grund dessen, was Christus *bereits* für uns am Kreuz *getan hat*. Der einzige Unterschied besteht darin, dass wir etwas mehr erkennen können, wie das geschehen konnte, als es ihnen damals möglich war. Dieser ungeheure Tod und die Auferstehung Jesu stehen in der Zeitenmitte, so weit es Gott betrifft. Der Schatten dieser gewaltigen Ereignisse wird sowohl nach vorne als auch nach hinten geworfen. So kann es durchaus sein, dass Gott diejenigen annehmen wird, die nie etwas von Jesus gehört haben, wenn sie wie Abraham und David sind, die ebenfalls nie von Jesus gehört hatten, aber sich vollkommen der Gnade Gottes – und dieser allein – anvertrauten und nicht ihren religiösen Ansichten und Überzeugungen. Solche Menschen können sehr wohl gerettet werden – nicht auf Grund ihrer Religionszugehörigkeit, sondern auf Grund dessen, was Christus für uns alle getan hat.

Für diese Sichtweise spricht sehr viel. Gott ist in seiner Art, mit der Menschheit über die Jahrhunderte hinweg umzugehen, beständig, was sich auch an der Ernsthaftigkeit des Bösen zeigt. Damit lernen wir außerdem, dass wir uns nicht selbst retten können, sondern ohne einen Erlöser verloren sind. Es zeigt sich, dass Jesus der eine und einzige Retter ist, den wir Sünder brauchen – ungeachtet unserer Rasse oder Religion. Und auch, dass Gott unwahrscheinlich gerecht ist.

Sollte die Möglichkeit, dass es vielleicht einige Leute im Himmel geben könnte, die nie von Jesus gehört haben, aber ihr ganzes Vertrauen – so gut sie es eben konnten – in Gott gesetzt haben, die Christen dazu verleiten, sich bequem zurückzulehnen und gar nichts zu tun? Könnte etwa diese Möglichkeit den Gedanken der Evangelisation an ihrem empfindlichsten Nerv treffen? Mitnichten! Warum nicht? Weil der gleiche Apostel, der dieses Quäntchen Hoffnung nährte, zugleich der leidenschaftlichste Evangelist aller Zeiten war. Er wollte diese Frage nicht ungewissen Spekulationen überlassen, sondern sehnte sich danach, jeden, dem er begegnete – egal welchen Glaubens –, zu Jesus zu führen, der sein Leben entscheidend verändert hatte. Was uns zur letzten Frage führt:

Sollten Christen versuchen, Anhänger anderer Glaubensauffassungen zu bekehren? Die Antwort muss mit Fug und Recht „Ja" lauten. Und das aus einer Reihe von Gründen. Es ist erstens der ausdrückliche Befehl Jesu Christi, in alle Welt zu gehen und die Menschen zu seinen Jüngern zu machen (Matthäus 28,19-20). Es liegt zweitens in der Natur der Sache: Wenn Sie Jesus Christus als reichen Schatz gefunden haben, wollen Sie natürlich diesen kostbaren Schatz mit anderen teilen. Und drittens ist das Christentum im Wesentlichen ein missionarischer Glaube. Er war es schon von frühester Zeit an. Alle frühen Christen konvertierten aus nichtchristlichen Religionen – die Konvertierten waren alle Juden oder Heiden. Weiterhin haben die echten und überzeugten Christen sich immer schon verpflichtet gefühlt, das Evangelium denen nahe zu bringen, die es noch nicht kennen, genauso als würde man es weitererzählen, wenn man ein Heilmittel für Krebs gefunden hätte: Man könnte es einfach nicht für sich selbst behalten. Ja, deshalb ist auch die Evangelisation ein wesentlicher Aspekt des Christseins. Und so wird auch vielfach mit Recht behauptet, dass das Christentum nur durch die Mission existiert – genauso wie ein Feuer sich dadurch am Lodern erhält, dass es brennt.

Aber auch das muss gesagt werden: Es ist entscheidend, dass Christen mit sehr viel Umsicht und Höflichkeit Andersgläubigen gegenübertreten. Sie müssen ihnen den Respekt zugestehen, selbst zu entdecken, was sie als Christen glauben, und sie entsprechend freiwillig entscheiden und darauf reagieren lassen – und sich nicht wie ein Elefant im Porzellanladen benehmen. Sie müssen die guten Aspekte ihrer Religion hervorkehren – und davon gibt es recht viele. Sie müssen unter ihnen leben, sie lieben und ihnen Anteil an ihrem Leben und dem, was ihnen wichtig ist, geben: Jesus tat genau das. Nie dürfen sie materielle *Köder auswerfen*. Ansonsten kann dies, wie in Asien geschehen, den sprichwörtlichen „Reis-Christen" hervorbringen, der bei den Missionaren vorgibt, sich zum Christentum bekehrt zu haben, nur um eine Schüssel Reis am Tag zu ergattern! Materielle Anreize für den Glauben sind tabu. Sie produzieren *geistliche Trittbrettfahrer*, Mitläufer, aber keine echten Christen. Und Christen dürfen andere Leute nie bedrohen oder versuchen, sie mit Gewalt zu bekehren. Dieser Weg ist Christen verboten! Jesus zwingt niemals jemanden, ihm zu folgen. In Liebe umwirbt er uns – uns alle. Und Evangelisten, die den christlichen Glauben verbreiten wollen, müssen genau diesem Vorbild folgen. Liebe, offenes Gespräch, mutige Verkündigung und Zeugnis von dem, was Gott in unserem Leben getan hat, sind die angemessenen und wahrhaft wirksamen Mittel, in unserer Gesellschaft christliche Evangelisation zu betreiben.

Und wo führt uns das alles hin?

Wir haben in diesem kleinen Büchlein einen recht beträchtlichen Weg zurückgelegt. Wir haben festgestellt, wie hohl die geläufigen Phrasen klingen, dass alle Religionen auf das Gleiche hinauslaufen, dass es völlig unerheblich ist, was man glaubt, solange man davon ernsthaft überzeugt ist, und dass alle Religionen ausnahmslos zu Gott führen. Wir haben weiterhin festgestellt, dass das wahre Christsein wohl kaum zu den Religionen gezählt werden kann. Religionen sind nämlich von ihrem Ansatz her vom Menschen geschaffene Systeme, um zum Göttlichen vorzudringen und sich religiöse Verdienste zu verschaffen. Und sie sind alle so verschieden, weil die menschlichen Vorstellungen vom Göttlichen eben sehr unterschiedlich sind. Das Christentum hat hier aber erkannt, dass dieser Ansatz niemals funktionieren kann. Wir können noch nicht einmal anfangen, uns Gott zu nähern, bevor wir nicht mit Bestimmtheit wissen, wie er und wer er ist. Und dieser Annäherungsversuch zu Gott bleibt in der Spekulation gefangen, wenn er uns nicht zeigt, wie er wirklich ist. Die einzige Glaubensorientierung in der Welt, die behauptet, dass sie genau das getan hat, ist der christliche Glaube. Er behauptet – mit gutem Recht –, dass Gott in der Tat nicht nur seinen Willen (wie im Islam), sondern *sich selbst* uns offenbart hat. Darüber hinaus hat er eine Möglichkeit geschaffen, uns von unserer Selbstbezogenheit und blinden Rebellion zu befreien, indem er die Last unserer Schuld hinauf ans Kreuz von Golgatha getragen hat. Das Beste von allem ist, dass er wieder lebt und bereitsteht, zu uns zu kommen und anschließend mit seinem Heiligen Geist in den Herzen und im Leben jener zu leben, die ihn annehmen werden. Dies ist der Start in eine Beziehung, der selbst der Tod kein Ende setzen kann. Das ist das Herzstück des Christentums. Wie wir gesehen haben, ist das also nicht so sehr eine Religion, sondern vielmehr eine Offenbarung, eine Erlösungstat und eine Beziehung.

Dies führt uns unweigerlich zu der nächsten Frage. Wenn wir dem zustimmen, dass Jesus so ganz besonders ist, weil niemand sonst uns Gott offenbart hat, weil niemand sonst so radikal mit unserer menschlichen Verdorbenheit abgerechnet hat, niemand sonst die Grenze des Todes überwunden und niemand sonst angeboten hat, in das Leben derer zu treten, die ihn dazu einladen – was ist dann unsere Antwort? Was machen wir dann mit Jesus? Wie entscheiden wir uns?

Es gibt darauf nur drei Alternativen.

Wir können Jesus Christus ablehnen. Wenn wir das in dem vollen Bewusstsein der damit zusammenhängenden Fragen und Probleme und der Konsequenzen unserer Entscheidung tun, ist das eine sehr ernste Sache. Natürlich können wir es uns immer noch einmal anders überlegen. Aber vielleicht auch nicht. Ein Herzinfarkt oder ein Zugunglück könnten innerhalb eines Augenblicks unserem Leben ein Ende setzen. Und dann würden wir wahrscheinlich einer Ewigkeit ohne Christus entgegengehen. Ich hoffe, dass kein Leser so kurzsichtig sein wird und „Nein, danke“ zu dem Gott sagt, der ihn so sehr liebte, dass er sich selbst für ihn gab. Das könnte ein schlimmes Ende nehmen.

Es bleibt uns noch eine andere Möglichkeit: Wir können die Entscheidung verschieben. Im Altertum gab es Menschen, die zwar von der Wahrheit des Evangeliums überzeugt waren, jedoch damit warteten, etwas zu unternehmen, bis sie dann auf ihrem Totenbett die Taufe wünschten. Vielleicht ist unsere Haltung zwar nicht ganz so spektakulär, aber so ähnlich: „Ja, ich kann die Notwendigkeit sehen, aber ich will hier und jetzt nichts daran ändern. Das wäre viel zu unbequem für meine Lebenspläne und Prioritäten – und meine Vergnügungen." Halten Sie das für eine angemessene Antwort auf den Einen, von dem der Apostel Paulus sagte, er sei der *„Sohn Gottes, der mir seine Liebe erwiesen und sein Leben für mich gegeben hat"* (Galater 2,20)?

Folgende Geschichte kam mir einmal zu Ohren: Ein Mann in einem Eisenbahnwagen war einfach erstaunt darüber, wie ein Soldat einem anderen Mann mit sehr viel Umsicht und Sorge begegnete. Dieser konnte seine Extremitäten nicht koordinieren, hatte während der Zugfahrt mehrere Anfälle, sabberte aus dem Mund und vieles mehr. Auf die Frage, warum er sich denn so bemühte, seinem Kameraden eine solch rührende Zuwendung zukommen zu lassen, antwortete der Soldat: „Dieser Mann war im Vietnamkrieg ein Offizier. Ich war in seinem Zug. Er rettete mein Leben, indem er unter heftigem Beschuss seines riskierte. Durch die feindlichen Übergriffe ist er nun zu dem geworden, was Sie hier sehen. Ich würde alles für ihn tun." – Nun, Jesus Christus riskierte nicht nur sein Leben für uns, er gab es für uns. Und die einzig angemessene Antwort darauf ist mit Sicherheit die, zu dem Einen „Ja" zu sagen, der zu uns „Ja" gesagt hat, als die Nägel sein Fleisch durchbohrten. Und noch einen anderen Grund gibt es, warum es nicht ratsam ist, eine Antwort zu verschieben. Die Bibel rät uns: *„Sucht den HERRN, jetzt ist er zu finden! Ruft ihn, jetzt ist er nahe!"* (Jesaja 55,6). Wenn Sie jetzt sein Nahesein spüren und ihm trotzdem den Rücken zukehren, macht es die Sache vielleicht viel schwerer, zu einem späteren Zeitpunkt auf Gottes Angebot zu reagieren. Es ist zwar nicht unmöglich, aber eben schwierig, weil Sie Ihr Herz verhärtet haben könnten.

Mit Sicherheit ist es am klügsten – und schon aus Dankbarkeit geboten –, wenn Sie sich mit Ihrem ganzen Sein bewusst für den Erlöser öffnen. Es ist schwer, die richtigen Worte zu finden, eine solche Entscheidung für Christus in Worte zu fassen. Das Neue Testament wählt dafür Worte wie „sich Jesus anvertrauen", „Jesus annehmen", „Buße tun und glauben", „zu ihm kommen", „vom falschen Weg umkehren" und „mit ihm verwoben werden".[20] Bei all diesen Ausdrücken geht es im Grunde aber nur um das Eine, dass Jesus Christus und wir zu einer lebendigen, personalen Beziehung finden. Wir treten zu ihm in Beziehung. Auf Gottes Initiative geht es zurück, dass wir überhaupt an den Punkt kommen können, an dem wir uns entscheiden, und alles, was wir tun müssen, ist, auf sein Angebot zu antworten. Ich zitiere gerne die Geschichte vom Verlorenen Sohn (auf die ich bereits Bezug genommen habe), der von der Liebe seines Vaters so überwältigt ist, dass er ihn darum bittet, ihn als Sklaven einzustellen und dann feststellen muss, dass er als geliebter Sohn willkommen geheißen wird und nur das Beste für ihn gut genug ist (Lukas 15,11-24). Dabei ist für mich der Gedanke des *Heimkommens* sehr bewegend – und zutreffend! Auch berührt mich die Geschichte von dem Mann in den Evangelien, der gefragt wurde, ob er glaube, dass Jesus seinen unheilbar kranken Sohn heilen könne. Seine Antwort: *„Ich glaube; hilf meinem Unglauben!"* (Markus 9,24) passt doch recht gut in unsere unsichere Zeit! Aber am allermeisten liebe ich das Versprechen Jesu Christi in der Offenbarung. Dort heißt es in Kapitel 3, Vers 20:

„Gebt Acht, ich stehe vor der Tür und klopfe an! Wenn jemand meine Stimme hört und die Tür öffnet, werde ich bei ihm einkehren ..."

Vielleicht ist Ihnen jenes berühmte Gemälde des englischen Malers William Holman Hunt (1827-1910) bekannt, das diese biblische Verheißung illustriert. Eigenartigerweise hat er zwei Versionen angefertigt. Eines davon hängt im *Keble College* in Oxford, das andere in der *St. Paul's Cathedral* in London. Dieses Gemälde veranschaulicht in hervorragender Weise die Bedeutung dieses Christusversprechens an uns. Es zeigt ein Haus, das von Kletterpflanzen umrankt wird, die sich auch die Tür emporschlingen. Die Tür selbst jedoch besitzt keinen Griff. Draußen steht Jesus Christus mit einer Laterne in der Hand (als Zeichen dafür, dass er das Licht der Welt ist), ganz in weiß gekleidet und mit einer roten Robe – als Hinweis auf sein sündloses Leben und seinen blutigen Opfertod. Dies wird noch unterstrichen durch die Dornenkrone auf seinem Haupt und die von den Nägeln durchbohrte Hand, die an die Tür klopft. Die Kletterpflanzen, die sich an der Tür hinaufranken, machen deutlich, dass er schon sehr lange gewartet haben muss. Der fehlende Griff auf der Außenseite der Tür zeigt, dass sich die Tür nur von innen öffnen lässt. Ich glaube, dass dieses Bild und diese Verheißung für mich eine ganz besondere Bedeutung haben, weil sie mich vor vielen Jahren dazu veranlasst haben, mein Vertrauen in Christus zu setzen.

Die Bedeutung ist klar. Das Haus stellt unser Leben dar. Jesus Christus, der ausgeschlossen davor steht, hat dieses Haus nicht nur bei unserer Geburt gemacht, nein, er hat es sozusagen auch zurückgekauft – unter Einsatz hoher Kosten am Kreuz, nachdem wir, die Pächter, es von ihm gestohlen hatten. Er hat es erschaffen. Er hat es gekauft (*er*kauft). Es gehört ihm – mit doppeltem Recht. Er steht da als der Heilige, der das Böse nicht ausstehen kann und als der Selbstaufopferungsvolle, der die Qualen des Kreuzes für uns trug. Er steht geduldig da und wartet. Was mich betrifft, so hatte er bei mir schon jahrelang angeklopft, bevor ich ihm öffnete. Wie steht es mit Ihnen?

Warum kann er nicht eintreten? Weil der Pächter ihn nicht darum bittet. Das ist, so meine ich, die tiefgreifende menschliche Schuld: Diese besteht nicht so sehr im Tun schrecklicher Dinge, sondern darin, eine ablehnende Haltung einzunehmen, die sich wiederum darin manifestiert, dass wir unsere eigenen Wege gehen und Jesus Christus, die wunderbarste und liebevollste Person, die je gelebt hat, aus unserem Leben ausschließen.

Gibt Jesus denn auf? Nein. Er steht da *vor der Tür* und klopft an. Er verspricht, in das Leben von *jemandem* zu kommen, der seine Stimme hört und *die Tür öffnet*. Es ist sonnenklar, was er damit meint. Wahres Christsein besteht darin, dass die unsichtbare Gegenwart Jesu Christi (durch den Heiligen Geist, wie er genannt wird) in unserem Herzen, in unserem Leben sichtbar, lebendig wird. Jesus bietet uns an hereinzukommen, wenn wir ihn haben wollen. Und er bietet das nicht nur an, sondern verspricht auch, wenn irgendjemand die Tür öffnet (d.h. auch dann, wenn Sie sie öffnen und ihn hereinbitten!), dass er dann eintreten wird. Nicht nur, dass er eventuell eintreten könnte – hier gibt es kein Vielleicht –, sondern er wird es auch tun. Er *wird* hineingehen.

Aber klingt dieses Angebot nicht etwas bizarr? *Wie kann Christus, der vor so langer Zeit gelebt hat, ein menschliches Leben betreten?* Er kann es durch seinen Heiligen Geist, der lebt und in Ihnen leben will. Ich kann dies hier nur bedingt erklären. Sie können und werden es jedoch erfahren, wenn Sie ihn darum bitten – wenn Sie ihn hereinbitten.

Aber muss ich nicht zuerst mit mir selber ins Reine kommen und mein Haus ordentlich aufmöbeln, bevor ich ihn einlassen kann? Nein. Er nimmt uns so an, wie wir sind. Und im Laufe der Zeit wird er alles wieder auf Vordermann bringen. Wenn wir selbst in der Lage wären, unser Leben in Ordnung zu bringen, hätte er nicht seine Wohnung im Himmel verlassen müssen, um uns zu retten!

„Aber das Ganze ist mir immer noch recht schleierhaft. Ich verstehe nur Bahnhof", wenden Sie jetzt vielleicht ein. Ich auch. Wie kann man Liebe verstehen? Man kann sie doch nicht in ein Teströhrchen stecken und analysieren oder?! Man öffnet einfach seine Arme und heißt den Liebenden willkommen. Genau so lädt Jesus Sie ein und möchte, dass Sie auf seine Liebe antworten.

Aber ist dieser Schritt nicht zu kostspielig? Muss ich nicht einiges dafür aufgeben? Ja, er kostet Sie einiges: Er kostet Sie Ihre Lieblingssünden: den Dreck auf dem Teppich im Wohnzimmer. Jesus ist quasi der Mann, der mit dem Staubsauger durchfegt. Es ist seine Aufgabe, den ganzen Schlamassel aufzuputzen, Ihre ist es, ihn gewähren zu lassen. Genau das aber nennt man in der Sprache der Bibel *Umkehr*. Jesus nachzufolgen, wird Sie Ihre Sünden kosten, jawohl, und auch Ihre Selbstbezogenheit. Mit der Zeit werden Sie schon einige Federn lassen und Jesus als den Boss in verschiedenen Lebensbereichen anerkennen müssen. Diese Lebensübergabe und Jüngerschaft geschieht nicht über Nacht. Aber sie ist entscheidend für ein Leben als Christ. Sie wird Sie auch Ihre Privatsphäre kosten. Wie Sie sehen, reicht es also nicht aus, eine Art private Absprache mit Jesus zu treffen und zu hoffen, dass niemand davon etwas mitbekommt. Die anderen werden das soundso merken, wenn Sie ihm treu sind. Und Jesus stellte es auch klar: Wenn wir uns nicht bei unseren Mitmenschen zu ihm stellen, ihn vor ihnen bezeugen, wird er sich auch nicht beim himmlischen Vater für uns verwenden. Lassen wir noch einmal Paulus zu Wort kommen:

„Wenn ihr also mit dem Mund bekennt: „Jesus ist der Herr", und im Herzen glaubt, dass Gott ihn vom Tod auferweckt hat, werdet ihr gerettet" (Römer 19,9).

Privater Glaube und öffentliches Bekenntnis sind zwei Seiten ein und derselben Medaille. Ja, es ist eine kostspielige Sache, Christ zu werden. Aber es ist weitaus kostspieliger, keiner zu werden. Das hieße: keine Vergebung, keine Freude, keine Gemeinschaft mit Christus und seinen Leuten auf der Erde und keinen Himmel. Sehr kostspielig also! Etwa so, wie zu heiraten! Sie verabschieden sich vom alten Leben und übernehmen eine neue Verpflichtung und machen diesen Schritt mit der Hochzeitsfeier und dem Ring, den Sie fortan tragen, öffentlich, ohne sich darum zu scheren, wer es sieht. Daneben versuchen Sie, Ihrem Partner zu gefallen, nicht weil Sie es müssen, sondern weil Sie es wollen. Genauso verhält es sich auch mit Ihrer Beziehung zu Jesus. Niemand wird an seinem Lebensende zurückblicken und sagen: „Es war zu kostspielig, Jesus zu folgen. Es war es einfach nicht wert."

„Wird die ganze Sache überhaupt von Dauer sein? Werde ich das überhaupt durchhalten?", fragen Sie sich möglicherweise. Ja! Nicht weil Sie plötzlich zum Superman oder zur Superfrau geworden sind, sondern weil Christus zusagt, dass er Sie nie im Stich lassen wird (Hebräer 13,5: *„Niemals werde ich dir meine Hilfe entziehen, nie dich im Stich lassen"*). Das heißt doch, dass er Sie nie hängen lassen wird, dass er Sie nie aufgibt.

Vielleicht fragen Sie sich jetzt: *„Wie kann ich diese Beziehung mit Jesus Christus denn überhaupt in Gang bringen? Es klingt so absurd, so ungeheuer einfach, ihn nur zu bitten, in mein Leben zu kommen und es unter seine Regie zu nehmen?"* Es ist sicherlich einfach, ja, aber keineswegs absurd. Oft verscherzen sich die Leute es, weil sie versuchen, es zu kompliziert zu machen. Denken Sie darüber nach! Wird jemand in eine Familie aufgenommen bzw. adoptiert, muss die Familie zuvor Papiere unterschreiben, mit der sie das Angebot annimmt. Richtig? Wird jemand in die Armee aufgenommen, muss er sich zuvor dafür einschreiben. Oder nicht? Ich habe als Offizier der Streitkräfte vielen Soldaten den Eid abgenommen. Sie bewerben sich dafür und ab dem Moment der Vereidigung sind sie dann richtige Soldaten und haben alle Vorzüge dieses Standes, genauso wie sie sich allen Herausforderungen zu stellen haben. Und so ist es auch, wenn wir heiraten. Der Geistliche oder Standesbeamte fragt den Mann: „Willst du diese Frau zu deiner rechtmäßig angetrauten Ehefrau nehmen, sie lieben und ehren, in guten wie in schlechten Tagen, bis dass der Tod euch scheidet?" Und dieser antwortet: „Ja, ich will." Die gleiche Frage wird der Braut gestellt. Und auch sie antwortet: „Ja, ich will." Dann und erst dann kann der Pfarrer oder Pastor ihre Hände in einem symbolischen Akt zusammenführen und sie zu Mann und Frau erklären. Nach einer alten Trauordnung fährt der Geistliche dann fort und sagt: „Was Gott zusammengefügt hat, soll der Mensch nicht scheiden." Damit hat eine völlig neue Beziehung begonnen: eine vertraute Beziehung, die auf Dauer angelegt ist. Das ist eine recht anschauliche Analogie dazu, wie die Beziehung zu Jesus Christus ihren Anfang nimmt. Wir blicken auf ihn und fragen ihn: „Willst du mir vergeben und mich mit hineinnehmen in eine enge Lebensgemeinschaft mit dir?" Und er antwortet: „Ja, ich will." Wir müssen uns dann entscheiden, ob wir die Beziehung zu ihm eingehen wollen, ob wir „ihn lieben und ehren" wollen, „in guten wie in schlechten Tagen, bis selbst „der Tod" uns nicht „scheiden" kann! Und wenn wir diesen Schritt einmal getan haben, ist es wirklich so wie in einer Ehe. Und die christliche Taufe ist wie der Ring bei der Trauung: Sie ist das sichtbare äußere Zeichen für den Beginn dieses neuen Lebens, das über die Jahre immer besser wird.

Hier ist nicht der Raum, um zu erklären, wie dieses christliche Leben dann weitergehen wird. Ich habe dies in meinem Buch *„New Life, New Lifestyle"* (Neues Leben, neuer Lebensstil, Hodder) versucht. Denken wir beispielsweise an den Soldaten: Er bekommt dafür seinen Sold, sein Gewehr, seine Uniform und andere Vergünstigungen. Aber er muss auch eine Grundausbildung absolvieren (zum Glück nicht auf eigene Faust, sondern gemeinsam mit anderen in einer Einheit). Denken wir an die Eheschließung mit der Frau: Sie kann das Geld ihres Mannes nutzen, aber sie hat auch (in der Regel) seinen Namen anzunehmen und sich ihm anzupassen.

Jüngerschaft beinhaltet, dass wir uns Christi Stärke zunutze machen, indem wir, wenn wir sie brauchen, ihn darum bitten. Ein Leben als Christ beinhaltet, dass wir seine Uniform (seine „Waffenrüstung") anziehen (vgl. Epheser 6,11f: *„Legt die Wahrheit als Gürtel um und die Gerechtigkeit als Panzer an ... Vor allem haltet das Vertrauen auf Gott als Schild vor euch ... Die Gewissheit eurer Rettung sei euer Helm und das Wort Gottes das Schwert"* (Vers 14, 16 und 17). So gerüstet müssen wir uns nicht schämen, uns auf der Arbeit und zu Hause zu Christus und zu seinen Werten zu stellen. Es beinhaltet, dass wir nach einer Gruppe anderer Christen Ausschau halten, die uns gleich zu Beginn unseres Christseins unter die Arme greifen können. Hierbei ist der *Alpha-Kurs*[21] eine wertvolle Hilfe – und zur Zeit das wohl beste Material für Glaubens-Einsteiger. Und es schließt auch mit ein, dass wir mit dem, der uns liebt, in Verbindung bleiben, auch wenn wir ihn nicht sehen können. Wie geschieht das? Genauso wie wir das mit jedem Freund, der weit entfernt von uns wohnt, auch tun würden. Dieser teilt sich uns per E-Mail oder Brief mit, teilt uns mit, wie er uns helfen kann, was wir für ihn tun können und wie sehr er sich uns verbunden weiß und uns liebt. Und bei Christus können wir Antwort geben, indem wir den *Telefonhörer des Gebets* abheben, mit ihm über Freud und Leid, unsere Probleme und die Freunde sprechen, die wir gerne mit ihm bekannt machen würden. Das sind nur einige Möglichkeiten, wie wir in dieser Beziehung zu Jesus wachsen und reifen können. Aber es kann nichts wachsen, wo nichts bewusst begonnen wurde. Sie können nicht mit jemandem ihre Erfahrungen austauschen, wenn Sie nicht mit ihm bekannt gemacht wurden. Sie können nicht jemandes Ehepartner sein, wenn Sie nicht die zwei kleinen, aber entscheidenden Worte: „Ich will", gesprochen haben. Wie steht es also damit? Wie steht es mit Ihnen? Nehmen Sie sich Zeit! Denken Sie darüber nach, dass Jesus Christus Gott zu Ihnen bringt und darauf brennt, Sie persönlich zu Gott zu bringen. Er starb am Kreuz, um den Weg freizumachen. Er lebt, um in Beziehung zu Ihnen zu treten, um Sie willkommen zu heißen und seinen unsichtbaren Geist in Ihr Herz zu geben, wenn Sie ihn nur darum bitten.

„Gebt Acht, ich stehe vor der Tür und klopfe an! Wenn jemand meine Stimme hört und die Tür öffnet, werde ich bei ihm einkehren ..."

Bitten Sie ihn darum! Sagen Sie mit Ihren eigenen Worten so etwas Ähnliches wie:

„Jesus, ich habe dich zu lange außen vor gelassen, habe dich aus meinem Leben ausgesperrt. Ich öffne dir jetzt die Tür. Bitte komm in mein Leben und schenke mir diese enge Beziehung zu Gott, die ich sonst nirgendwo finden kann. Komm heute zu mir! Komm zu mir und bleibe bei mir!"

Und dann danken Sie ihm, dass er in Ihr Leben gekommen ist, denn er hält seine Versprechen. Denn wenn er gesagt hat, dass er bei uns einkehren wird, dann *ist* er auch eingekehrt, vorausgesetzt Sie haben ihn darum gebeten. Plötzlich werden Sie sich ganz anders fühlen. Oder vielleicht auch nicht. Das ist nicht entscheidend. Das Wichtigste ist, dass die Beziehung begonnen hat. Ihnen bleibt noch der Rest Ihres weiteren Lebens und die ganze Ewigkeit, um diese auszubauen.

Anmerkungen und Literaturhinweise

[1] *Gauranga*: Bengalischer Meister um 1500 n.Chr., gilt als Inkarnation Krishnas.

[2] Die Koranzitate wurden der folgenden Ausgabe entnommen:
Der Koran, aus dem Arabischen übertragen von Max Henning, Philipp Reclam Jun. Stuttgart, Universal-Bibliothek Nr. 4206[6], 1960

[3] *Karma*: Im Buddhismus etc. der Glaube, dass das Schicksal des Menschen nach dem Tode von seinen Taten in seinem letztvergangenen und seinen früheren Leben abhänge. Karma bedeutet „Handlung" oder „Tat", wobei darunter die Summe aller bisherigen Handlungen zu verstehen ist. Das Karma bestimmt die Existenzform nach der Wiedergeburt – je nachdem, ob der Mensch überwiegend gute oder überwiegend schlechte Taten vollbracht hat. Dabei spielt auch das Karma früherer Existenzen eine Rolle.

[4] Paradiesjungfrauen (*„Huris"*)

[5] *Jainismus*: dem Buddhismus nahe stehende, auf Selbsterlösung gerichtete, streng asketische indische Religion.

[6] In der Lutherbibel, Standardausgabe in der revidierten Fassung von 1984, heißt es in 2. Mose 25,21-22: *„Und du sollst den Gnadenthron oben auf die Lade tun und in die Lade das Gesetz legen, das ich dir geben werde. Dort will ich dir begegnen, und vom Gnadenthron aus, der auf der Lade mit dem Gesetz ist, zwischen den beiden Cherubim will ich mit dir alles reden, was ich dir gebieten will für die Israeliten."*

In der Hoffnung für Alle-Bibel in der revidierten Fassung von 2002 heißt es in 2. Mose 25,21-22: *„Die Deckplatte soll die Bundeslade verschließen, in der die beiden Steintafeln mit den Geboten liegen, die ich dir geben werde. An dieser Stelle, über der Bundeslade zwischen den beiden Cherub-Engeln, will ich mich dir offenbaren und dir alles sagen, was du den Israeliten weitergeben sollst."*

[7] Vgl. Matthäus 1, 23: *„Siehe, eine Jungfrau wird schwanger sein und einen Sohn gebären, und sie werden ihm den Namen Immanuel geben, das heißt übersetzt: Gott mit uns"* (zitiert nach Luther).

[8] Kaum ein anderes Land ist so facettenreich wie Südafrika. Nelson Mandela hat sein Volk mit den unterschiedlichsten Ethnien zu Recht *Rainbow People* („das Regenbogenvolk") genannt.

[9] „Allah, es gibt keinen Gott außer ihm" (Koran, Sure 4,89); „Er ist der eine Gott" (Sure 112,1)

[10] „Und es sprechen die Juden: ‚Esra ist Allahs Sohn.' Und es sprechen die Nazarener: ‚Der Messias ist Allahs Sohn.' Solches ist das Wort ihres Mundes. Sie führen ähnliche Reden wie die Ungläubigen von zuvor. Allah schlag' sie tot! Wie sind sie verstandeslos! Sie nehmen ihre Rabbinen und Mönche neben Allah und dem Messias, dem Sohn der Maria, zu Herren an, wo ihnen doch allein geboten ward, einem einzigen Gott zu dienen, außer dem es keinen Gott gibt. Preis ihm, (er steht hoch) über dem, was sie neben ihn setzen" (Koran, Sure 9,30-31).

[11] Die enge Verzahnung zwischen Filmgeschäft und kalifornischer Satanismus-Szene zeigt auch, dass ein Anhänger bei dem Horror-Klassiker *Rosemary's Baby* (USA 1968) von Regisseur *Roman Polanski* (nach dem Roman von Ira Levin) als Berater mitwirkte, in dem die Legende des alten Hexenglaubens vom Verkehr eines

Dämons mit einer Menschenfrau aufgegriffen wird. Polanskis Ehefrau *Sharon Tate* wiederum wurde ein Jahr nach der Premiere Opfer eines satanistischen Mordes durch die *Manson-Bande*. Polanskis Film sowie dieser Mordfall trugen erheblich zur Bekanntheit abseitiger dämonischer und satanistischer Vorstellungen in der ganzen Welt bei.

Die schrecklichen Morde des Satanisten *Charles Manson* (geb. 1934) und seiner Bande vom Sommer 1969 sind dokumentiert bei E. Sanders (1972). Manson behauptete seit 1968, „Christus" und „Satan" in einer Person zu sein. Eine Rolle für sein „Berufungserlebnis" spielten die *Beatles*-Songs „Revolution No. 9", was er in „Revelation 9" (d. h. Kapitel 9 der Johannesoffenbarung) umdeutete sowie „Helter Skelter" (vgl. „Der Engel aus dem Abgrund", in: Die Zeit, 11.8.1989). [Siehe auch EZW-Texte Nr. 140, 1998: *Satanismus – Zwischen Religion und Kriminalität*, Hans-Jürgen Ruppert, Evangelische Zentralstelle für Weltanschauungsfragen, Berlin]

[12] Kungfutse *Gespräche – Lun Yü*, aus dem Chinesischen übertragen und herausgegeben von Richard Wilhelm, Eugen Diederichs Verlag, München 1996, Buch XV, 23: „Praktischer Imperativ – Dsï Gung fragte und sprach: ‚Gibt es Ein Wort, nach dem man das ganze Leben hindurch handeln kann?' Der Meister sprach: ‚Die Nächstenliebe. Was du selbst nicht wünschest, tu nicht an andern.'" *Konfuzius*, der einflussreichste chinesische Denker und Philosoph entstammte dem alten adligen Geschlecht der Kung. Sein chinesischer Name lautet *Kung-fu-tse*, das heißt „Meister aus dem Geschlecht der Kung". Konfuzius ist eine von Europäern eingeführte latinisierte Form dieses Namens.

[13] *Meng-tzu* (chin. Meng Tse, lat. *Mencius*): chinesischer Philosoph (371-289 v. Chr.), Enkelschüler von Konfu-

zius, begriff die Moralerziehung als Freilegung naturgegebener Anlagen.

14 *Atman* (Seele): Der meist mit Seele wiedergegebene Begriff „Atman" ist das Selbst des Menschen. Es existiert unabhängig vom Individuum und ist unveränderlich. Bei der Wiedergeburt inkarniert sich das Atman in ein neues Lebewesen.

15 *Welche Indizien, Quellen oder Zeugnisse gibt es für die Auferstehung Jesu*? Historisch ernst zu nehmen sind hier neben den Schriften des Neuen Testaments pagane (heidnische) historische Quellen wie die Notiz des römischen Geschichtsschreibers *Tacitus* (ca. 55-110 n.Chr.), der sich im Zusammenhang mit dem Brand Roms zur Zeit des Kaisers Nero auch über die Christen äußert und schreibt, dass Christus unter der Regierung des Tiberius durch den Prokurator Pontius Pilatus hingerichtet worden ist (Annalen 15,44, geschrieben 116/117 n.Chr.) – also eine präzise Übereinstimmung mit der gleichen Aussage im Neuen Testament.

16 *Haram*: das islamisch Verbotene, Unzulässige bzw. Nicht-Legitime.

17 *Sharia* (arab. die *Schari'a*): „Bei ‚islamischem Recht' wird schnell an drakonische Strafen wie Gliederamputation bei Diebstahl oder Todesstrafe für Apostaten (Abtrünnige) gedacht. Tatsächlich jedoch handelt es sich um ein sensibles, ausdifferenziertes Rechtssystem. Das Recht, die Lebens- und Gemeinwesenordnung, ist integraler Bestandteil des islamischen Glaubens. Religion und Lebenswandel können nicht getrennt werden. Rechte und Pflichten werden definiert, und dies wirkt sich auch auf das gemeinwesenbezogene Menschenrechtsverständnis des Islam aus. Da der Koran nicht in systematischer und umfassender Weise alle Fragen der Lebensführung beantwortet, musste diese Arbeit, d. h. die Entwicklung der religiösen Pflichtenlehre (*schari'a*)

seit dem 8./9. Jahrhundert von Rechtsschulen geleistet werden. Das menschliche Handeln wurde in fünf Kategorien unterschieden: geboten, empfohlen, gleichgültig, unerwünscht, verboten. Die Ausbildung des religiösen Rechts oblag den islamischen Theologen, als den Hütern der Tradition. Auf der Basis des Analogieschlusses und der Übereinstimmung der Gelehrten kam göttliches Recht zustande, denn Mohammed hatte gesagt: ‚Ihr werdet nie in einer Irrlehre übereinstimmen.'" (Zitiert nach EZW-Texte 1999, Nr. 147, *Allah hat viele Namen – Grundlagen zum Islam und Herausforderungen für den christlich-islamischen Dialog*, Ulrich Dehn, Evangelische Zentralstelle für Weltanschauungsfragen, S. 21).

[18] *Sawi*: Bis 1962 lebte in Niederländisch-Neuguinea (heute West-Irian) der Stamm der Sawi noch im Steinzeitalter und in völliger Isolierung von der Umwelt. Dieses Dschungelvolk bestand aus Kopfjägern und Kannibalen, die die Schädel ihrer Opfer als Kopfkissen benutzten. Unter den Sawi war tückischer Verrat nicht nur eine Lebensweise, sondern das höchste Ideal. Die am höchsten verehrte Form des Verrats war es, jemanden „mit Freundschaft zum Schlachtfest zu mästen." Im Jahr 1962 kam das Missionsehepaar Don und Carol Richardson zu diesem Volksstamm. Sie stellten sich der Frage: „... wie das Evangelium von Jesus Christus auf diese Stammesleute überhaupt einen Eindruck machen konnte, die den Verräter Judas als Ausbund von Sawi-Männlichkeit und einen Kuss des Verrats als großartigsten Ausdruck der Tücke verherrlichten?" Aber sie erlebten, wie Jesus Christus auch dem Sawi-Volk Frieden brachte.

[19] *Lesslie Newbigin* (1909-1998), Autor des Buches *„Salz der Erde – Fragen an die Kirche heute"* (1985) und *„Den Griechen eine Torheit – Das Evangelium und unsere westliche Kultur"* (1989), war fast 40 Jahre Missio-

nar in Indien und ist weit über England und Indien hinaus als Missionstheologe bekannt geworden.

[20] Glauben: *„ihm vertrauen"* (Philipper 1,29); „Er möchte, dass alle Gelegenheit finden, von ihrem falschen Weg *umzukehren"* (2. Petrus 3,9); „Doch nicht alle sind dem Ruf der Guten Nachricht gefolgt. Schon der Prophet Jesaja sagt: ‚Herr, wer hat schon unserer Botschaft *Glauben geschenkt*?' " (Römer 10,16); „Es ist aber unmöglich, dass Gott an jemand Gefallen hat, der ihm nicht *vertraut*. Wer *zu Gott kommen* will, muss ja fest damit rechnen, dass es ihn gibt und dass er die Menschen belohnt, die ihn suchen" (Hebräer 11,6).

[21] Eine fundierte Einführung in den christlichen Glauben bietet der Alpha-Kurs aus dem Verlagsprogramm Projektion J von Gerth Medien: *Der Alpha-Kurs – Teilnehmerheft*, Projektion J, (ISBN 3-89490-238-8); *Der Alpha-Kurs auf Video*, Nicky Gumbel, Projektion J (ISBN 3-89490-281-7).

Lee Strobel – ein Journalist hinterfragt das Christentum

Lee Strobel geht dem Glauben auf den Grund. Auf der Suche nach Fakten konfrontiert der Autor angesehene Experten mit den 8 häufigsten Argumenten gegen den Glauben. Ein spannendes Kreuzverhör beginnt!
Mit viel journalistischem Spürsinn und ohne schnelle Antworten zu geben, beschäftigt sich Lee Strobel mit Fragen wie: „Wenn es Gott gibt, warum lässt er dann so viel Leid zu?“ oder: „Wozu brauchen wir Gott, wenn doch die Wissenschaft alles erklären kann?“
Ein Buch, das hilft, damit Glauben zur Herzenssache wird.

Lee Strobel: **Glaube im Kreuzverhör**
Gebunden, 360 Seiten • Best.-Nr. 657 387

Auf der Suche nach der Wahrheit über die Existenz von Jesus Christus nimmt der Journalist Strobel die Experten ins Kreuzverhör und konfrontiert sie mit wissenschaftlichen Fakten, anerkannten Beweisen und unangenehmen Fragen wie: Gibt es außerhalb der Bibel Beweise für die Existenz Jesu? Wie verlässlich ist das Neue Testament? Welche Gründe gibt es dafür, tatsächlich an die Auferstehung als historisches Ereignis zu glauben? Zerstreuen wsissenschaftliche Argumente nicht jeden Glauben an das Übernatürliche? Zu welchem Urteil kommen Sie?

Lee Strobel: **Der Fall Jesus**
Gebunden, 320 Seiten • Best.-Nr. 657 274